PAGES RELIGIEUSES

AVANT-PROPOS DE GEORGES GOYAU

BLOVD ET GAY

Pages Religieuses

DU MÊME AUTEUR

Royalistes et républicains, 1 vol. in-18.

Le parti libéral sous la Restauration, 1 vol. in-18.

L'Eglise et l'Etat sous la Monarchie de Juillet, 1 vol. in-18.

Histoire de la Monarchie de Juillet, 7 vol. in-8°.

Un prédicateur populaire dans l'Italie de la Renaissance, St-Bernardin de Sienne, 1380-1444, 1 vol. in-18.

La Renaissance Catholique en Angleterre au XIXᵉ siècle, 3 vol. in-8°.

Le Catholicisme en Angleterre au XIXᵉ siècle, 1 vol. in-18.

Le Cardinal Vaughan, 1 vol. in-18.

Newman catholique d'après des documents nouveaux, 1 vol. in-18.

PAUL THUREAU-DANGIN

Pages Religieuses

AVANT-PROPOS DE GEORGES GOYAU

BLOUD & GAY, Éditeurs

PARIS, 3, Rue Garancière, 3, PARIS

SUCCURSALES

BARCELONE   DUBLIN
Calle del Bruch, 35   20, South Anne Street

1921

AVANT-PROPOS

La collection du *Français*, close depuis longtemps, celle du *Correspondant*, qui chaque quinzaine s'enrichit, recélaient en leurs arcanes quelques essais d'histoire religieuse et de nombreuses pages de politique et d'action catholique, portant la signature de M. Paul Thureau-Dangin. Pour les exhumer, l'heure actuelle a paru propice. Ne faut-il pas une orientation, ne faut-il pas une direction, pour ces espoirs de renouveau chrétien dont s'imprègne notre atmosphère, pour ces regards interrogateurs qui partout sondent notre horizon intellectuel et moral, pour ce regain de curiosité enfin qui s'attache aux rapports de l'éternelle pensée catholique avec la vie contemporaine et l'esprit contemporain? Survienne dès lors une voix d'outre-tombe qui nous apporte, tout à la fois, l'expérience d'un historien et l'expérience d'une âme religieuse: cette voix méritera d'être recueillie, écoutée, répercutée.

En M. Thureau-Dangin ces deux expériences n'en faisaient qu'une : ses conclusions historiques et son idéal religieux s'entr'aidaient. Il faut être, comme Fénelon, un « bel esprit chimérique », pour croire que l'historien peut n'être d'aucun temps ni d'aucun pays, ce qui n'aboutirait à rien de moins qu'à faire de l'écrivain d'histoire, en vertu même de son métier, une façon de déraciné, dépourvu d'horizon. M. Thureau-Dangin n'appartenait pas seulement à son pays, mais à son Eglise ; et sa conception du christianisme, et de l'Eglise, et des relations entre la puissance spirituelle et la société moderne, éclairait pour lui la complexité des faits dont ensuite, au cours de ses récits, il dégageait la leçon.

I

Aux approches de l'année 1860, il n'était encore qu'un étudiant, courbé sur ses livres de droit, et déjà s'abandonnait à ce rêve, de publier quelque jour un travail sur le rôle du parti catholique sous la Monarchie de Juillet.

Dès cette époque, il était frappé du mal qu'avaient fait à l'Eglise et au pays, sous les régimes successifs, et spécialement sous la Restauration, les politiques intempérants qu'on appelait les « ultras ». Par les traditions de sa famille, par ses études personnelles, il avait appris à connaître leur esprit d'imprudence et d'erreur, esprit incorrigible, qui toujours les avait amenés à créer eux-mêmes des difficultés contre lesquelles ensuite ils se révoltaient, et à creuser, lentement, la tombe même de leur cause, en se flattant d'être les seuls à savoir la servir. Son sens des réalités historiques, son souci désintéressé du bien de l'Eglise, ne pouvait amnistier ces coupables maladresses. Mais l'épopée législative des catholiques, conquérant sous Louis-Philippe leur place au soleil, et puis, sous la seconde République, la liberté de leurs écoles, fascinait son regard et satisfaisait sa conscience.

« Cela m'intéresse beaucoup, écrivait-il, car je vois à chaque page la confirmation éclatante de cette idée qui est déjà chez moi une conviction si arrêtée : la religion a besoin de la liberté et la liberté de la religion (1) ». Voilà le germe d'où devaient plus tard éclore, non seulement le livre intitulé : *L'Eglise et l'Etat sous la Monarchie de Juillet*, mais la magistrale histoire de cette monarchie ; les méditations d'un jeune homme de vingt ans sur les événements religieux contemporains de son enfance furent ainsi le lointain point de départ de toute son œuvre.

Le premier chapitre d'histoire qu'il imprima —

______

(1) Nous empruntons ce texte, et plusieurs autres, qui suivront, aux pages très informées et pénétrantes que publia M. de Lanzac de Laborie, au lendemain de la mort de M. Thuréau-Dangin, dans *la Revue des Deux-Mondes* du 15 novembre 1913, et qu'il a reproduites dans *les Essais historiques et biographiques*, p. 254-316 (Paris, Plon, 1914).

il avait alors vingt-six ans — eut trait à un pays où la liberté et la religion étaient l'une et l'autre piétinées par les plus sanglantes cruautés : la Pologne.

France catholique et France libérale, entre 1861 et 1863, s'occupaient avec fièvre du martyre polonais et des soubresauts de souffrance qui sur les bords de la Vistule attestaient la longue ténacité de la patience et de l'espoir : Montalembert et Henri Lasserre, Perreyve et Gratry, l'évêque d'Orléans, parlaient à la France et à l'Europe, dans des pages ardentes, de cette Eglise et de ce peuple qui là-bas aspiraient à être libres. Car dans la Pologne de 1863, et trente-trois ans auparavant, dans la Belgique de 1830, la poussée populaire contre les dictatures exotiques — dictature de la Russie, dictature de la Hollande — était soutenue et fortifiée par l'aspiration des âmes religieuses vers la pleine liberté de leur Eglise : au cours de ce xixe siècle, qui partout promena l'esprit de révolution, les séditieux de Bruxelles et les séditieux de Varsovie furent les seuls à chercher au prix de leur sang la possibilité légale de mieux servir leur Dieu. La carrière d'historien du duc de Broglie se terminera, au début du xxe siècle, par les pages si riches d'enseignements qui nous montreront la Belgique de 1830 s'acheminant, par une révolution, vers la liberté religieuse, et y parvenant ; et la carrière d'historien de M. Thureau-Dangin s'ouvrait en 1863 par un écrit sur *La Pologne et les traités de Vienne*, qui mettait en relief cette « tactique surnaturelle du sacrifice, tactique pure de toute violence, » pratiquée par l'âme polonaise sous les regards déconcertés de la Russie », et qui établissait que les avantages promis par les traités de 1825, si précaires fussent-ils, n'avaient même pas été accordés à la Pologne, et qu'il était du devoir de l'Europe de songer à elle. Le contraste se dessinait, dans cette brochure, entre la politique oppressive de la Russie et les engagements autrefois pris par le czar Alexandre, qui avait « plus encore la vanité de la vertu que la vertu elle-même », et dont « les qualités tenaient plus de l'imagination que du cœur » ; et le regard que jetait M. Thureau-Dangin dans les coulisses du congrès de Vienne faisait comprendre comment la Pologne, pour laquelle tous les diplomates avaient à qui mieux mieux des paroles de tendresse presque paternelle, était finalement restée, dans la famille européenne, une Cendrillon douloureuse et dédaignée. Dans cette étude sur les origines diplomatiques de la détresse polonaise, on trouvait déjà cette altière aisance, cette gravité s'infléchissant parfois en ironie, qui seront la manière de M. Thureau-Dangin, toutes les fois qu'il regardera s'agiter ou se dissimuler, autour du tapis vert, et parfois s'agiter d'autant plus qu'elles se dissimuleront davantage, les petites et grandes passions des Etats. Et une toute petite phrase, au début de l'opuscule, révèle ce que déjà pensait ce jeune homme de son futur métier : « L'histoire, nous dit-il, précède et guide la politique ». On ne peut définir avec une plus énergique concision la responsabilité morale et sociale de l'histoire. Et c'est à la lumière d'une telle formule que doit être lu, aujourd'hui, le recueil des *Pages religieuses.*

Lorsqu'en 1867 M. Thureau-Dangin devint l'une des chevilles ouvrières du journal *Le Français*, déjà sa pensée se sentait mûrie, et sa mémoire outillée, et sa conscience aiguisée, pour les grands travaux qui perpétueront son souvenir ; mais si le besoin de servir l'Eglise d'une façon plus immédiate et quasi quotidienne l'induisait, pour l'instant, à différer tous labeurs de longue haleine, c'est du moins au nom de sa familiarité même avec les événements religieux d'un récent passé que M. Thureau-Dangin, précédé par l'histoire, guidé par elle, allait aborder dans un journal, entre autres questions suscitées au jour le jour par le cours même des faits, celles qui concernaient la politique religieuse.

II

A ce moment critique de l'histoire du Second Empire, les catholiques de France étaient comme ballottés entre des tendances fort diverses. L'attitude récente du pouvoir impérial à l'endroit du Saint-Siège les avait déçus ; et l'on avait vu s'in-

surger contre elle, autant que les lois permettaient
à la presse de s'insurger, ceux-là mêmes qui jadis
avaient le plus chaleureusement acclamé l'Empire
naissant. Grande était leur déception : après avoir
constaté que la Monarchie de Juillet, dix-huit ans
durant, affectait à l'endroit de la prospérité de
l'Eglise une sorte d'indifférence officielle, ils avaient
cru voir éclore, en 1852, un pouvoir qui protègerait
les intérêts religieux : leurs récriminations contre
l'Empire gardaient l'amertume d'une désillusion.
Mais si fiévreuses qu'elles fussent, quelle que fût
leur impatience à l'endroit des entraves policières
qui gênaient leur plume, la haine qu'ils professaient
pour les excès, toujours possibles, d'un régime de
libre discussion, prévalait encore sur leur amère
expérience des inconvénients de l'absolutisme ; les
évolutions savantes qui préparaient l'Empire libéral
trouvaient en eux des adversaires plutôt que des
collaborateurs. En face d'eux, d'autres catholiques
murmuraient et boudaient. Ceux-ci, non moins
attachés à certaines idées absolutistes, se montraient beaucoup moins détachés des précédents
historiques, et persistaient à penser que l'Eglise
et l'ancienne monarchie demeuraient virtuelle-
ment unies par des liens indissolubles et qu'il
fallait ressusciter, au fond des âmes, la conscience
de ces liens. Et les uns et les autres attendaient
d'un pouvoir fort une protection pour les intérêts
religieux : la divergence profonde qui les séparait
n'avait trait qu'aux origines de ce pouvoir. Les

uns tenaient à ce qu'il fût l'héritier d'une tradition, les autres acceptaient qu'il fût une improvisation démocratique. Pour M. Thureau-Dangin et ses amis, les deux attitudes avaient quelque chose d'archaïque. Ils inclinaient à dire aux légitimistes : Puisqu'en 1840 Montalembert et ses amis ont nettement dissocié la cause de l'Eglise de celle de la monarchie bourbonienne, pourquoi vouloir inféoder à nouveau les intérêts catholiques à des idées de restauration ? Et se tournant vers cette autre aile catholique qui avait beaucoup espéré du Second Empire : L'Eglise, disaient-ils en substance, n'aura paix et dignité que si le pouvoir civil lui reconnaît une vraie liberté. Regardant autour d'eux, ils constataient que « sous l'affaiblissement des caractères c'était la discipline chrétienne de l'âme qui paraissait fléchir ». Cherchant le remède, il leur semblait qu'un certain renouveau de la vie publique auquel les catholiques se mêleraient, développerait en eux l'esprit d'initiative, et que ce serait là, pour beaucoup, un « traitement moral efficace ».

Ces idées, ces aspirations, trouvèrent leur expression dans le journal *Le Français*. On fut d'abord intrigué, étonné : n'était-ce pas, murmuraient les uns, un artifice dont se servait l'Empire pour diviser les catholiques ? Et d'autres de chuchoter que c'était une œuvre d'utopistes qui, grisés par l'idée de liberté, allaient de gaieté de cœur faire revivre certains périls. Au jour le jour, les deux catégories de soupçonneux lisaient le journal : on le sentait très pondéré ; et dans une feuille dont la plupart des rédacteurs étaient des jeunes gens, cette modération rendait inquiet. On leur voyait de l'entrain, un entrain extraordinaire, et de la vaillance à braver les coups ou les sarcasmes, parfois même à les chercher ; et cet entrain, cette vaillance, se dépensaient au service d'une constante sagesse de pensée, très sûre et très mûre. On les eût voulus moins sages, et l'on espérait se faire écouter à Rome en articulant, là-bas, que dénoncer certains maux ou réfuter certains hommes avec une courtoisie mordante parfois, mais toujours élégante, c'était peut-être, à demi, pactiser avec eux. Telles étaient les ombrageuses vigilances, grosses de menaces et de dangers, auxquelles se heurtaient les rédacteurs du *Français* (1).

Un intime ami de M. Thureau-Dangin, le comte Guillaume de Chabrol, le seul d'entre eux qui survive, nous dit, dans certaines notes intimes, comment ils surent faire face à ces difficultés :

« La force qu'ils y opposèrent, écrit-il, leur fût suffisante pour vaincre ; ce fut la valeur de leur caractère, de leur intelligence et de leur cœur : leur journal méritait bien son nom, car jamais nul ne s'inspira davantage de cette idée si française : faire entrer le dévouement, l'ardeur et le charme dans la solution des problèmes de l'esprit.

(1) Voir au contraire l'hommage flatteur que leur rendait Chesnelong, dans de Marcey, *Charles Chesnelong, son histoire et celle de son temps*, I, p. 194 (Lyon, Vitte).

« Augustin Cochin avait été l'inspirateur de la tentative. Pour qui le connaissait bien, c'était une âme faite de charité. Il aimait l'Eglise, sa Patrie, et la Vérité, comme il aimait ses pauvres ; il souffrait intimement de tout ce qui leur manquait, il leur donnait sa fortune, son temps, sa santé, homme d'affaires émérite pour les mieux servir, ambitieux de la vie publique afin de faire plus pour eux. L'enjouement de son esprit et de son accueil était une forme de ses aumônes ; il ressentait une blessure bien plus par le chagrin de voir faire une mauvaise action que pour le coup qu'il avait reçu ; il était parvenu à contenir l'ironie intarissable de son esprit jusqu'à en faire ce sourire fin et doux qui faisait tomber l'exaltation de ses amis politiques, plus puissants peut-être et plus passionnés que lui. Il ne lâchait la bride à son talent qu'en face d'un manque à l'honneur ou à la justice : on pouvait juger alors de la fougue qu'il avait su réprimer en lui ; c'est un des hommes qui ont eu le plus de générosité dans les désirs, le plus d'espérance pour les autres et pour lui-même, avec la plus intime peine de n'avoir pas été compris.

« François Beslay était rédacteur en chef du journal. Tous les contrastes étaient réunis dans cette nature merveilleuse, et la piété les avait accordés dans une harmonie pleine de charme. Entre un père qui était un vieux révolutionnaire de 1848, ami de Proudhon, et une tante qui était une chrétienne passionnée, cet enfant de Paris — on eût pu employer un autre mot — s'était fait lui-même un érudit, sans rien perdre de la verve rieuse de sa race. C'était un esprit toujours alerte, ne se ménageant jamais, se prodiguant de préférence aux travaux obscurs du

journal, où son humilité jouissait d'avoir bien fait
sans redouter un éloge. Toute la poésie des vieilles
vies de Saints chantait incessamment dans son âme.
Il s'est tué, le sourire aux lèvres, de travail et d'aus-
térité ; après une journée de douze heures à son bureau, il couchait sur une planche, disant à un ami
qui l'y avait surpris : « Puisqu'on chasse nos religieux, il faut bien que nous offrions à Dieu la même
somme de mortification et de prières. »

« Thureau-Dangin apportait à l'œuvre commune une
autorité innée, une volonté intense, le regard toujours
droit sur le but à atteindre. Il distribuait à tous le travail, gardant pour lui la plus grosse part. Chacun se sentait soutenu par sa main robuste, et elle était si cordiale
qu'on savait à peine à quel point elle était ferme ;
l'amitié lui avait inspiré toutes les délicatesses, elle lui
avait appris à guider les natures plus nerveuses de ses
compagnons, auxquels sa bonté communiquait le
calme qu'il tenait de sa force. Les événements ne le
troublaient jamais ; il se sentait à peine effleuré par
les attaques personnelles, les polémiques ne l'aga-
çaient guère ; à son heure, il étreignait un adversaire
et sa thèse ; alors il faisait songer à ces machines de
forge qui écrasent si tranquillement un lingot de fer.

« Autour de Beslay et de Thureau-Dangin, s'étaient
rangés des collaborateurs, les uns de grande valeur et
qui devaient marquer, les autres, à défaut de talent,
apportaient leur amitié et leur zèle. Jamais peut-être
on n'a vu un pareil bureau de journal ; les heures
vécues là sont restées, pour ceux qui les ont connues,
un cher et heureux souvenir.

« Faire du journalisme sans ambition personnelle,
sans animosité contre la feuille rivale, sans esprit de

parti, sans engouement d'école, certes, c'est une infériorité dans la bataille quotidienne ; mais quand la supériorité des hommes est incontestable, elle finit bien par s'imposer, et la puissance alors est d'autant plus grande qu'elle est mieux dégagée « de ces petites considérations qui sont le tombeau des grandes causes ».

« *Le Français* devint l'organe de ceux qui cherchaient le mieux, en dehors des formules exclusives et des idées extrêmes : en France ils sont nombreux s'ils ne sont pas agissants. Sans s'éprendre d'une confiance naïve dans la tentative d'un Empire libéral, le journal fit tout ce qu'il eût fallu pour le rendre possible. Pendant le siège de Paris, il chercha à soutenir, à fortifier contre sa propre faiblesse, le gouvernement du pauvre Trochu : le patriotisme apparaissait si noble, si religieux à chaque page, la résignation chrétienne y était si empreinte de virilité et de vaillance, que les rédacteurs peuvent se rendre justice d'avoir été pour quelque chose dans cette attitude morale de Paris, dont l'histoire regrettera peut-être de trouver le dédain chez les contemporains.

« L'époque de l'Assemblée nationale fut le moment où l'influence du *Français* atteignit son maximum de puissance. Il faudrait remonter à la Restauration et au *Journal des Débats* pour rencontrer une telle autorité de la presse sur une Chambre. Etablir un gouvernement conservateur qui ne fût ni une réaction, ni la revanche d'un parti, barrer la route aux illusions dangereuses de l'exaltation monarchique, faire appel sans distinction d'origine à toutes les puissances politiques et sociales que le pays bouleversé pouvait utiliser encore, préparer de grandes réformes organiques au lieu d'expédients violents et temporaires, par-dessus tout, empêcher les Catholiques de se compromettre encore par une alliance passionnée avec un gouvernement personnel, quelque noble et légitime qu'il pût être, telle fut la politique défendue par le *Français*. »

Les *Pages religieuses* aujourd'hui publiées nous remettent en présence de cette politique, que définit avec une précision si nuancée M. le comte de Chabrol. A la lumière de ces pages, nous pouvons, remontant aux toutes premières années du *Français*, et puis descendant le cours de son histoire, fixer le souvenir de deux campagnes, dont l'une ne dura que quelques mois, et dont l'autre fut le souci constant de ce journal : la première, visant les puissances laïques et les conjurant de respecter la liberté du concile ; la seconde, visant cette opinion catholique qui, pour de longues années, allait bientôt cesser d'être une force politique, et insistant auprès d'elle, sans relâche ni lassitude, pour qu'elle acceptât ou qu'au moins elle entendît certains conseils suprêmes de sagesse et de virilité.

III

Nombreux étaient les catholiques qui tenaient rigueur à leur siècle pour certaines disgrâces ou pour certaines spoliations. M. Thureau-Dangin,

tout en partageant beaucoup de leurs amertumes,
souhaitait qu'ils consentissent à vouloir en être
consolés lorsqu'ils daigneraient attacher leurs
regards sur la liberté laissée aux conciles provinciaux par la République de 1848, et sur la liberté
que réclamait en 1869, pour le concile du Vatican,
la fierté de la conscience catholique. Car en vain
certaines souverainetés laïques, tantôt fidèles à
l'esprit de Febronius et tantôt captives des vieilles
maximes gallicanes, avaient-elles un moment
essayé, sous l'étiquette moderne de libéralisme,
de perpétuer les plus regrettables procédures de
l'ancien régime et de peser indiscrètement sur les
décisions religieuses du concile ; M. Thureau-
Dangin, dans *Le Français*, répudiait leurs impor-
tunités et pronostiquait leurs insuccès. Et, de fait,
le concile du Vatican donnait au monde chrétien,
pour la première fois depuis longtemps, l'exemple
d'une grande assemblée religieuse sur laquelle les
influences des puissances séculières n'avaient
aucune prise : M. Thureau-Dangin voulait que le
spectacle de cette liberté d'épanouissement, et de
cette liberté de décision, fût pour l'opinion catholique une leçon. Elle regrettait, parfois, le temps
où les États remplissaient envers l'Église leur
devoir de protecteurs ; il demandait qu'elle se paci-
fiât, qu'elle se rassérénât un peu, en songeant que
souvent ils prétendaient exercer, tout en même
temps, un droit archaïque de demi-souveraineté,
et que, parmi tant de ruines dont l'Église gémis-

sait, la magnifique autonomie du concile du Vatican pouvait et devait passer pour une précieuse et définitive conquête. Non loin de M. Thureau-Dangin, de hautes influences ecclésiastiques dont le loyalisme catholique ne pouvait être mis en doute se montraient moins jalouses de cette autonomie conciliaire et presque enclines vers une certaine immixtion du cabinet de Paris dans les délibérations religieuses de Rome : si Vienne intervient, et si Munich intervient, pensaient ces prélats, la France, en s'effaçant, n'aura-t-elle pas l'air d'abdiquer ? Et près d'eux, des théologiens surgissaient, tout prêts à démontrer que le pouvoir impérial, s'il faisait entendre sa voix, ne serait que le représentant du peuple chrétien, de cette *plebs* à laquelle, en certaines circonstances, l'Eglise primitive donnait une voix. Mais ni ces objections politiques ni ces archaïsmes théologiques ne prévalaient sur le limpide vouloir de M. Thureau-Dangin, que le concile fût libre.

Les susceptibilités de Pie IX à l'endroit de l'ingérence des Etats, et la sainte jalousie avec laquelle il revendiquait et défendait la liberté de l'Eglise, trouvèrent dans le jeune publiciste un commentateur plein de sollicitude, sans cesse sur la brèche pour épier les suprêmes manœuvres du « césarisme gallican » contre la libre activité dogmatique du Concile et du Pape... Cinquante ans ont passé ; et dans le recul de l'histoire, en ne s'arrêtant qu'aux grandes lignes des faits, l'impression qui se dégage est singulièrement différente de celle qu'éprouvaient, au jour le jour, les spectateurs des années 1869 et 1870. *L'Univers* et *le Français* apparaissaient à cette date comme deux partis adverses, dont l'inspiration, dont l'accent, dont la méthode, différaient étrangement : l'un voulait que l'Eglise se hâtât, et claironnait ses volontés ; l'autre préférait que l'Eglise temporisât, mais insinuait ce désir plutôt qu'il ne l'exprimait. Le conflit entre les questions de principe et les questions d'opportunité creusait entre ces deux journaux un large fossé. A distance, aujourd'hui, si vous regardez surtout d'un peu haut, d'un peu loin, le fossé reste à peine perceptible, il a cessé de barrer l'horizon ; et vous observez que ces deux journaux, celui qui eût à trop de lenteurs préféré beaucoup de brusquerie et celui qui eût à trop de brusquerie préféré beaucoup de lenteurs, collaborèrent, sans trop s'en rendre compte, à une œuvre commune ; car tandis que *L'Univers*, par ses campagnes théologiques, achevait de convaincre les fidèles et peut-être certains membres du concile, l'Eglise enseignée et peut-être certains membres de l'Eglise enseignante, qu'une définition dogmatique nouvelle s'imposait, *Le Français*, de son côté, sans s'aventurer dans ce domaine qui lui semblait clos à des laïques, s'insurgeait, au nom d'une liberté religieuse sainement comprise, contre les suspicions auxquelles donnaient lieu, dans certains cabinets de l'Europe, les aspirations théologiques de Pie IX. *Le Français* n'admettait pas qu'un veto politique, veto de la Bavière ou veto de la France, forçât les portes de l'assemblée, ou même y cognât, pour y faire prévaloir, contre Pie IX, l'esprit de Pithou, ou bien celui de Febronius. Plaider ainsi pour la liberté du concile auprès de l'opinion publique d'un siècle laïc, c'était soustraire aux plus passionnés des anti-infaillibilistes l'arme suprême dont ils avaient espéré se servir. « Le prince de Hohenlohe et ses défenseurs affectent de n'en vouloir qu'à telle ou telle école, c'est la hiérarchie catholique qu'ils menacent (1). » Ces lignes eussent pu être de Louis Veuillot, elles étaient de l'autre journal, et de M. Thureau-Dangin. Voilà deux journaux qui croyaient se combattre, qui de fait se combattaient, et qui pourtant s'entr'aidaient sans le savoir ni le vouloir (2). Lorsque est tombée la flamme des polémiques humaines et que le regard

(1) *Français*, 6 juillet 1869.

(2) Déjà la *Civiltà Cattolica*, au moment de la mort de M. Ravelet, auquel les journaux catholiques des deux partis rendaient hommage, se félicitait de voir « cesser les malentendus qui faisaient paraître ennemis deux journaux catholiques, également soumis aux enseignements de l'Eglise et du Saint-Siège, également haïs par les journaux révolutionnaires et antireligieux ». Le P. Neyron, S. J., qui dans son livre : *Le Gouvernement de l'Eglise* (Paris, Beauchesne, 1920) traite à fond les questions alors agitées, écrit (p. 263) : « *Le Français* rendait de vrais services à la religion dans des milieux où l'*Univers* n'aurait excité que la colère ».

s'attarde sur leurs cendres éteintes, il se sent
sollicité, bientôt, vers l'incontestable part d'éternelle vérité qui survit à ces disputes, et qui les
domine ; et si l'on a la joie de constater que les
deux camps qui s'affrontaient préparèrent, chacun
à sa façon, ce resplendissement de vérité, ce n'est
pas sans émotion qu'en les enveloppant dans un
commun hommage on tire de leurs luttes mêmes,
et puis de leur réconciliation posthume par la
marche de l'histoire, une grande leçon de paix. Et
cette leçon, M. Paul Thureau-Dangin, tout le premier, nous l'insinue, dans les pages admirables
qu'au lendemain de la mort de Pie IX sa plume et
celle de Beslay consacraient au pape disparu :
nous avons là, sans doute, le plus beau morceau
d'histoire écrit sur le pape Pie IX, et les deux
signatures dont il est revêtu étaient de celles que
la légèreté hâtive de certains contemporains qua-
lifiait de « catholiques libérales » sans avoir l'équité
de dépouiller d'abord cette qualification, formelle-
ment répudiée par M. Thureau-Dangin, de tout ce
qu'elle contenait de malveillant et de nocif.

IV

Temps nouveau, méthodes nouvelles : M. Thureau-Dangin avait un sens historique trop pénétrant pour admettre que les générations de

croyants qui, au lendemain de 1870, arrivaient à la vie publique, n'eussent qu'à s'inspirer, rigoureusement, des exemples donnés par leurs pères sous la Monarchie de Juillet. « Il faut, avait-il écrit, dès le 14 mars 1870, dans l'article même où il rendait hommage à Montalembert, que les catholiques entrés dans la place par le courage heureux de M. de Montalembert, tout en demeurant unis par la foi, se répandent partout, prennent rang dans tous les grands partis politiques, au lieu de demeurer groupés sous un drapeau exclusif ». Un jour de 1878, où Falloux reprochait au *Français* trop de désinvolture à l'endroit des vieilles habitudes de polémique du parti catholique, M. Thureau-Dangin répondait : « Ce qu'il y a de permanent dans notre cause, ce n'est pas telle ou telle formule, c'est cet esprit de bon sens, de prudence, de tolérance, avec lequel nous voulons présenter et défendre la religion : c'est la volonté d'être de notre temps. Or serions-nous de notre temps, si nous nous attachions à redevenir exactement ce que nos pères avaient pu être avec l'*Avenir* en 1830, avec Montalembert en 1844 ! » Dix ans plus tard, dans son livre sur l'*Eglise et l'Etat sous la monarchie de Juillet*, M. Thureau-Dangin, étudiant à la faveur d'un plus grand recul les circonstances qui au lendemain de 1830 avaient amené Montalembert à vouloir jeter les fondements d'un parti catholique, notait que « dans la pensée de son fondateur, l'existence de ce parti était un fait accidentel, passager, anormal, qui tenait aux conditions particulières de la société politique en 1830. Où en avait été la raison d'être ? Ce n'était pas seulement dans ce fait que les catholiques avaient des droits considérables à revendiquer. Il y avait plus ; aucun des deux grands partis qui se disputaient le pouvoir et l'influence, ne paraissait alors disposé à appuyer, ou seulement à écouter ces revendications.

« On se trouvait en face de conservateurs qui se méfiaient de la religion, au lieu d'y chercher le fondement de toute politique conservatrice, de libéraux qui ne comprenaient pas que la liberté religieuse était la plus sacrée de toutes les libertés. Cette anomalie passagère, qui tenait au malheur des temps, était la cause, souvent indiquée par M. de Montalembert lui-même, de la formation d'un parti spécial (1). »

Mais dans les années 1870 à 1880, cette anomalie n'existait plus ; les conservateurs désormais, bien loin de faire bon marché de l'idée religieuse, inclinaient, au contraire, à la rendre trop solidaire de leurs propres doctrines politiques et de leurs propres intérêts de parti ; et parmi les héritiers lointains des libéraux de la Restauration, il y en avait pour qui la liberté religieuse était devenue la plus sacrée de toutes les libertés. M. Thureau-Dangin, regardant ce damier politique, n'y voyait

(1) *L'Eglise et l'Etat sous la Monarchie de Juillet*, p. 162-163.

plus aucune case dans laquelle un parti proprement catholique, « catholique avant tout », pût opportunément s'installer, et s'adressant à ses coreligionnaires, il les suppliait, au contraire, de « veiller à ne pas reprendre, dans les armes de leurs pères, celles qui risquaient de blesser des hommes qu'il était habile et juste de traiter en amis » (1). L'*Univers* tout le premier, en 1846, n'avait-il pas donné l'exemple de faire voter les catholiques pour le protestant Agénor de Gasparin? M. Thureau-Dangin rappelait ce précédent : il souhaitait qu'on ne s'effarouchât pas de faire alliance avec des hommes qui peut-être ne professaient pas pour leur compte la foi catholique, mais qui s'engageraient à en respecter les droits et la liberté. Puisque les nouvelles formations politiques ménageaient aux intérêts religieux certaines garanties de défensive, pourquoi les catholiques, dans les assemblées parlementaires ainsi composées, persisteraient-ils à vouloir faire bande à part ? C'eût été, aux yeux de M. Thureau-Dangin, fausser la notion primitive de parti catholique. Il aimait s'enraciner dans cette opinion, en relisant certaine lettre, où son chef spirituel immédiat, Mgr Guibert, avait en 1853, dix-neuf ans avant de monter sur le siège de Paris, traité ces délicates questions :

« Il ne doit jamais y avoir de parti dans l'Eglise, écrivait le prélat. On conçoit que, dans un pays où

(1) *L'Eglise et l'Etat*, p. III.

les catholiques sont en petit nombre, comme en Angleterre et dans quelques Etats d'Allemagne, on donne cette qualification à une minorité qui combat pour ses droits : encore n'est-ce pas elle qui se la donne, elle la reçoit de ses adversaires. Mais se présenter devant la France catholique sous le nom de parti catholique, c'est évidemment s'isoler, faire une scission » (1).

Et si parmi les catholiques, au nom même de la devise : « Catholique avant tout », un tel esprit de scission eût d'aventure prévalu, M. Thureau-Dangin eût redouté que cette devise, si glorieuse qu'elle fût dans le passé, ne finît par aboutir à cette variante, un jour dénoncée par Falloux : « Catholique indifférent à tout et prêt à tout » (2). Il lui eût déplu qu'au lendemain de la guerre et de la Commune, lorsque l'Assemblée Nationale avait à s'occuper de relever un pays vaincu et de conjurer les plus graves périls sociaux, toute une catégorie de Français, les catholiques, laissassent croire qu'ils étaient à peu près détachés de toute opinion politique, à peu près libres de tout avis sur les grandes questions vitales, et soucieux uniquement de s'offrir et de s'enrôler, comme troupes auxiliaires, au service du régime où des ministres qui sauraient le mieux satisfaire leurs revendications religieuses, ou tout au moins les mieux ber-

(1) Guibert, *Œuvres pastorales*, I, p. 357. Cf. Paguelle de Follenay, *Vie du Cardinal Guibert*, II, p. 436 et suiv. (Paris, Poussielgue, 1896).

(2) *L'Eglise et l'Etat*, p. 62.

cer. On verra plus tard le Centre allemand s'abandonner trop complaisamment à cette politique de marchandages, et y perdre quelque chose de sa dignité ; et déjà c'est en vertu d'une telle politique qu'on avait entendu de nombreux catholiques français, en 1852, au surlendemain des campagnes qu'ils avaient menées sous une devise de liberté pour la conquête des droits de l'Eglise, acclamer soudainement, avec une allégresse imprévue, un régime de coercition. M. Thureau-Dangin souffrait de ce souvenir, comme il souffrait de tout ce qui lui semblait abaisser l'idée catholique au rang d'une mercenaire, vendant son concours aux puissances humaines en échange de certains cadeaux parfois illusoires, ou de certaines promesses ; et la rupture qui s'était produite en 1859 entre le parti catholique et le gouvernement impérial, avait attesté le caractère éphémère de ces promesses.

S'expliquant auprès de Mgr d'Hulst, en 1884, sur les raisons qui l'avaient amené à se dévouer au *Français*, M. Thureau-Dangin écrivait :

« Jamais ni mon cher Beslay ni moi nous ne nous serions embarqués sur cette galère du journalisme, si nous avions pensé faire seulement une œuvre politique, servir un parti, si respectable fût-il. Ce que nous avons voulu, c'est servir l'Eglise, la servir par les procédés et avec les idées qui nous paraissaient convenir à notre temps, qui pouvaient dissiper de déplorables malentendus, enlever prétexte à de dangeureuses attaques, la servir auprès du public auquel les autres journaux religieux n'arrivaient pas. Si les calomnies nous avaient enlevé toute notre action religieuse, — Beslay et moi, nous nous l'étions souvent dit, — nous aurions brisé notre plume. Les journalistes purement politiques n'eussent pas manqué pour nous remplacer.

L'œuvre religieuse que, malgré tout, nous avons pu faire et qui n'existait pas avant nous, c'est un journal ouvertement catholique pénétrant dans des partis politiques et dans certaines régions sociales ou l'on eût repoussé l'*Univers* avec colère, le *Monde* avec ennui et dédain... Nous nous flattons d'avoir ainsi, pour notre humble part, contribué à agrandir le règne de l'Eglise en notre société moderne, ou tout au moins à diminuer celui des préjugés hostiles. Je me souviens de la joie de mon pauvre Beslay quand on venait lui raconter — et cela est arrivé plus d'une fois — que la lecture quotidienne et prolongée du *Français*, introduit dans une famille à la place d'un journal impie ou indifférent, avait ramené une âme à Dieu, ou seulement l'en avait rapprochée... Ma conscience de chrétien, tout l'honneur de ma pénible carrière de journaliste, sont intéressés à ce qu'on ne perde pas de vue le mobile principalement religieux de mes travaux, de ceux de mon cher Beslay, et, j'ose le dire, de tous les hommes dont les sacrifices et les efforts ont fondé et fait vivre notre journal. »

L'écrivain qui traçait ces lignes avait consacré au journal *Le Français*, dussent ses travaux d'historien en être ralentis, dix-sept années de sa maturité : c'était un apostolat, c'était une œuvre.

Mêmes intentions d'apostolat chez son ami Beslay, son cher Beslay, comme il se plaisait à l'appeler, mort sur la brèche en juillet 1883, et de ces intentions M. Thureau-Dangin gardait un témoignage bien émouvant : c'était la copie même du testament de Beslay.

« Je renonce par la présente déclaration, disait celui-ci, à tout droit sur le succès que peut avoir l'entreprise de mes journaux. Je m'engage donc à y travailler sans aucune recherche d'intérêt, de gloire personnelle, acceptant d'avance joyeusement les déceptions, les traverses, la ruine même de mon œuvre. Je supplie Dieu d'accepter que tout ce que je fais pour les affaires de la Société soit fait en son pur et seul honneur, et que le seul profit, ce soit la grâce d'arriver directement au ciel, malgré mes péchés si nombreux et si graves, et d'élever mes enfants en bons chrétiens. Je remets cette déclaration à la Sainte Vierge et à saint Joseph pour qu'ils la fassent valoir en l'honneur de la sainte Trinité, à qui elle me consacre d'une manière toute spéciale. »

Il avait pu se rencontrer quelques aveugles, égarés par une malveillance systématique, pour diffamer les bureaux du *Français* comme une façon de salon où quelques habiletés manœuvraient. Mais ces malveillants, et les membres du clergé qui partageaient leurs préventions, méconnaissaient un attachant phénomène religieux : le groupement, pour une besogne de presse, d'un certain nombre d'âmes qui vivaient, qui luttaient, qui priaient, et qui, hautement supérieures à tout calcul commercial ou mondain, trouvaient dans leur ferveur même l'élan nécessaire pour s'en aller présenter à la foule des gentils, inaccessibles jusqu'alors à toute presse catholique, certains aspects de la vérité religieuse. Etait-ce donc diminuer cette vérité que de la rendre accessible, humaine, et de s'efforcer à la faire aimer ? On savait d'ailleurs, au cours de cet effort, garder l'esprit de rigueur requis par la fierté même du croyant : nous en trouvons la preuve dans l'article douloureux et justement sévère que publiait M. Thureau-Dangin, au lendemain de la mort de Saint-Beuve, sur la triste évolution d'âme de l'illustre critique. Et cette attitude d'intransigeance à l'endroit de certains égarements de conscience et de pensée rendait les rédacteurs du *Français* d'autant plus dignes de respect, lorsqu'ils se présentaient comme des catholiques comprenant leur temps, sympathisant avec ce qu'il avait de bon, veillant d'ailleurs à ne jamais soutenir des doctrines condamnées, à ne jamais se servir, même, d'expressions mal vues à Rome, et désireux de ramener la société moderne à l'Eglise, au lieu de se plaire à l'excommunier.

Plus tard M. Pierre de la Gorce, en venant occuper à l'Académie Française le fauteuil de M. Thureau-Dangin, aimera le suivre dans son cabinet du *Français* où « de jeunes rédacteurs, penchés sur l'Evangile, en avaient médité le sens, et s'étaient convaincus que les chrétiens, disciples de Jésus, pouvaient s'asseoir au banquet de la société moderne, comme jadis le divin Maître au banquet du publicain », et puis il montrera M. Thureau-Dangin s'éloignant peu à peu du journalisme quotidien, lorsque à côté de sa table de travail celle de François Beslay fut devenue vide. En 1887, d'ailleurs, les bureaux du *Français* se fermèrent, et les menaces ou les atteintes dont nos libertés religieuses étaient alors l'objet paraissaient attester que l'effort de pacification intellectuelle et morale qui près de vingt années durant s'était tenté dans ces bureaux avait politiquement échoué.

Mais les âmes croyantes, lors même que pour leur foi la marche des faits prend l'aspect d'une disgrâce, savent être patientes avec cette infortune, et garder la fière confiance que les désastres provisoires subis par la vérité ne peuvent être que des ajournements ; et M. Thureau-Dangin ne laissa l'encre sécher, sur sa plume de journaliste, que pour servir tout de suite le même idéal dans la besogne d'historien.

V

Qu'on relève, dans son *Histoire de la Monarchie de Juillet*, les chapitres consacrés à l'histoire religieuse, et qui, avec les exposés d'histoire diplomatique, sont probablement, dans cette imposante architecture, les morceaux les plus accomplis et

les plus durables, et qu'ensuite, descendant plus
intimement, à la suite de M. Thureau-Dangin, sur
le terrain même du fait religieux, c'est-à-dire dans
les intimes profondeurs des âmes, on étudie dans
la conscience d'un Manning, dans celle d'un Newman, ou bien dans celle d'un saint comme Ber-
nardin de Sienne, les infinies variétés d'action de
la grâce divine aux prises avec les innombrables
nuances des libres volontés humaines, je crois
qu'on trouvera dans cette double lecture un sur-
croît de lumière sur l'idée que se faisait M. Thureau-Dangin des conditions d'établissement du
règne du Christ dans les âmes individuelles et dans
la société. Les victoires religieuses qu'il détestait,
c'étaient les victoires superficielles, où les préfets
pouvaient se flatter d'avoir plus de part que les
évêques, et la politique plus de part que la foi ; les
victoires d'autant plus provoquantes qu'elles
n'étaient peut-être qu'apparentes ; les victoires qui
froissaient plutôt qu'elles ne persuadaient, et qui
donnaient l'impression d'être plus oppressives que
conquérantes, et qui, par un douloureux et tragique retour, traînaient en leur arrière-garde l'im-
minence de certaines représailles ; les deux volumes
intitulés : *Royalistes et Républicains*, et *Le parti
libéral sous la Restauration*, laissent comprendre
l'inquiétude qu'inspirait à M. Thureau-Dangin
cette façon de vaincre. Les victoires qu'il aimait,
c'étaient — on le verra dans ce livre même par les
pages sur Pierre de Bérulle — celles que rem-

portait l'Eglise de France au temps d'Henri IV et
de Louis XIII, avec la collaboration spontanée
d'un certain nombre d'âmes d'élite, et sans aucun
de ces indiscrets appels au pouvoir civil qui com-
promirent plutôt qu'ils ne la servirent l'Eglise de
Louis XIV ; c'étaient celles que sous Louis-Philippe et sous la seconde République remportaient
les catholiques de France en accomplissant virilement l'effort et les sacrifices indispensables — sacrifices de temps, d'argent, d'énergie — pour faire
bénéficier l'Eglise du libre jeu des institutions parlementaires ; et c'étaient celles, enfin, que connaissait au delà de la Manche l'Eglise d'Angleterre, à
peine gratifiée par le pouvoir civil d'un renouveau
de liberté, et qu'assurait à cette Eglise le douloureux travail de quelques âmes, s'offrant lentement
ou soudainement à l'impérieux rayonnement de la
Vérité plénière, et puis devenant elles-mêmes,
pour cette Vérité, d'incomparables instruments de
rayonnement. Car dans toutes ces victoires, l'âme
religieuse qu'était M. Thureau-Dangin, — cette
âme qu'il apportait tout entière dans sa tâche
d'historien — aimait ressaisir l'épanouissement et
la sanction de certaines vies intérieures profondes,
librement mûries et cultivées sous le discret regard
de Dieu, vie intérieure d'un Bérulle ou d'un Montalembert, d'un Newman ou d'un Manning. (1). Et

(1) Qu'il nous soit permis de renvoyer à l'étude que
nous avons consacrée à M. Thureau Dangin historien.

C'eût été le désir de M. Thureau-Dangin que la « séparation », si elle devait s'accomplir, fût réalisée par des hommes auxquels aucune intention fallacieuse ne pût être prêtée, et dont l'esprit et le cœur fussent notoirement accessibles à la compréhension de l'idée religieuse et à une notion probe de la liberté. Et c'eût été son désir, que l'on pût trouver quelque possibilité, tout à la fois canonique et légale, d'épargner à l'Eglise d'héroïques sacrifices. Mais lorsque le jugement de Rome eut attesté que ces sacrifices étaient inévitables, sa voix s'éleva pour commenter aux catholiques de France la leçon des faits ; et dans les pages qui s'intitulèrent : *Après la Séparation*, M. Thureau-Dangin fut vraiment, pour la France catholique, le maître de l'heure. Dans les décombres qui jonchaient le sol, il ramassait avec émotion tout ce que l'Eglise, même appauvrie, même dénuée de toute existence légale, pouvait encore resaisir de libertés ; parlant aux évêques, aux prêtres, aux fidèles, il leur disait : Servez-vous-en. Ce qui l'eût désolé, c'eût été qu'ils se retranchassent dans l'oisive et boudeuse attente d'un autre Concordat. Sans contester qu'il y eût quelque chose d'anormal, et de morbide, et même d'inique, dans le régime imposé à leur Eglise, il leur enseignait le bon usage de cette maladie même... Oui, l'on pouvait en faire bon usage, et trouver dans les malheurs de la société religieuse une impulsion nouvelle pour la générosité des volontés individuelles et pour l'esprit personnel d'initiative et de sacrifice. Et les orientations qu'esquissait ainsi M. Thureau-Dangin visaient à réveiller, au fond des âmes catholiques, un sens aigu de leur responsabilité dans la marche de la société chrétienne. Plus la marche devenait fatigante et troublée par de durs cahots, plus vaillamment les fidèles devaient, tous ensemble et chacun à part, faire office de Cyrénéens, en aidant leur Eglise à porter sa nouvelle croix. Qu'ils s'agenouillassent donc, tout d'abord, pour l'accepter en chrétiens, et pour mesurer, aussi, le poids de leurs fautes au poids même dont elle les chargeait ; et puis qu'ensuite, sous ce fardeau même, vaillamment, ils se redressassent en citoyens : tel était l'esprit de l'appel que l'historien de la Monarchie de Juillet leur adressait. Nous aimons, à la fin de ce livre posthume, retrouver ces enseignements, vrais aujourd'hui comme ils le furent hier ; ils ne faisaient que réadapter aux circonstances nouvelles les conclusions mêmes qu'avaient sans cesse tirées, de toute l'expérience religieuse du XIXᵉ siècle, la claire intelligence et la droite conscience de M. Paul Thureau-Dangin.

Georges GOYAU.

PREMIÈRE PARTIE

PORTRAITS RELIGIEUX

———

I

Le cardinal de Bérulle

———

I

M. de Bérulle et les Carmélites de France (1).

Il est bon, pour ne pas perdre courage dans les heures douloureuses et obscures que nous traversons, de se reporter de temps en temps à quelqu'une de ces époques où la France, sur le point de périr, s'est relevée grâce à sa merveilleuse vitalité, grâce surtout au secours de Dieu. Il en est plusieurs dans notre histoire. L'une des plus remarquables est celle qui comprend les dernières années du xvi⁰ siècle et le commencement du xvii⁰. Ne semblait il pas que cette fin des Valois marquât l'heure d'une honteuse et irrémédiable décadence? Corruption en haut, désordres en bas, fanatisme et licence, guerre religieuse et guerre

(1) Journal *Le Français* du 26 août 1872.

étrangère, le vieux droit monarchique acculé dans une sorte d'impasse entre Henri de Navarre et la Ligue, la France menacée de dissolution par l'anarchie et de démembrement par l'Espagnol, et enfin, pour comble de maux, la grande cause nationale et catholique compromise par l'assassinat et par la collusion avec l'ennemi héréditaire.

Et cependant la France catholique s'est relevée. On est trop tenté de ne faire honneur de cette résurrection qu'au génie et à la fortune du plus séduisant et du plus habile de nos rois. Henri IV, sans doute, a beaucoup fait, et nous sentons aujourd'hui, par ce qui nous manque, ce que peut être dans une telle crise la main forte et sûre d'un grand chef d'Etat. Mais à lui seul le Béarnais n'eût pas guéri l'âme de la France. Quand une nation est aussi malade, il faut pour la sauver un puissant mouvement de restauration religieuse. Ce mouvement n'a pas manqué alors ; il était produit par la seule liberté ; commençant après la proclamation de l'Edit de Nantes, pour s'arrêter quand l'Edit fut révoqué, il avait pour promoteurs des hommes et des femmes comme saint Vincent de Paul, saint François de Sales, sainte Chantal, la Mère Madeleine de Saint-Joseph, M. Olier, Mme Acarie, le cardinal du Perron.

L'un des premiers de cette pieuse et glorieuse génération était certainement Pierre de Bérulle, que Bossuet a appelé « grand » et que Fénelon a nommé « saint ». Tout en étant malgré lui mêlé aux événements politiques les plus considérables, il a travaillé plus efficacement que tout autre à cette régénération des âmes qui a sauvé la France au XVIIe siècle et qui seule pourrait la sauver aujourd'hui.

Quand M. l'abbé Houssaye a commencé ses longues et consciencieuses études, il ne prévoyait probablement pas quelle opportunité nos malheurs donneraient à cette histoire. Il nous dit lui-même dans une intéressante et magistrale introduction quels motifs l'ont déterminé à entreprendre la vie de M. de Bérulle. Ce n'est pas seulement la sympathie ou l'admiration. Il voyait une œuvre de justice à accomplir. Par suite de circonstances diverses, et surtout par la faute du jansénisme, malheureusement mêlé aux souvenirs de l'Oratoire, M. de Bérulle n'a pas dans l'histoire religieuse la place qu'il devrait occuper, il n'exerce pas sur les âmes l'influence qui lui appartiendrait. « Chose étrange, dit M. l'abbé Houssaye, la mort, qui d'ordinaire est la vengeresse des saints, n'a pas veillé sur cette grande mémoire ; l'indifférence a de bonne heure délaissé son tombeau, la calomnie a défiguré son image. » C'est une mémoire nous ne dirons pas à réhabiliter, mais à relever à la hauteur où elle devrait être. Songez que cet homme méconnu est pour un écrivain plus qu'un grand homme, un saint ; qu'il s'agit pour lui de remettre en lumière et en honneur non seulement de belles idées, mais toute une méthode de vie intérieure, toute une doctrine de haute spiritualité aujourd'hui délaissée, et qu'il estime fécondes pour sauver et grandir les âmes, dès lors vous comprendrez comment cette histoire a été pour M. l'abbé Houssaye plus encore qu'un acte de justice, comment elle a été un acte de foi et de piété ; vous aurez le secret de l'élévation, de la chaleur contenue qui sont le caractère et l'attrait de cette œuvre.

Qu'on se rassure cependant : ce n'est pas un plaidoyer, mais bien une histoire. L'auteur a pris pour mot d'ordre la maxime de Cicéron : « N'oser rien dire de faux, n'oser rien taire de vrai. » Il se défend avec fierté d'avoir imité ces hagiographes, qui, préoccupés avant tout d'édifier les âmes pieuses, sont trop souvent disposés à sacrifier, non peut-être la vérité, mais l'intégrité de l'histoire. Confessons-le, en effet, sauf d'honorables et nombreuses exceptions ce n'est pas toujours par la sévérité de la critique que brillent les œuvres sorties de quelques plumes ecclésiastiques. L'homélie ou la polémique y font quelquefois tort à l'histoire. Un semblable reproche ne saurait être adressé à M. l'abbé Houssaye ; c'est de l'histoire faite selon la grande méthode en remontant partout, — fût-ce pour les détails accessoires, — aux sources elles-mêmes. Aussi, outre le charme pénétrant et parfois émouvant de cette lecture, éprouve-t on cette sécurité entière, cette confiance absolue, qui sont l'un des sentiments les plus agréables au lecteur et les plus honorables pour l'écrivain.

Le premier volume : *M. de Bérulle et les Carmélites de France*, conduit M. de Bérulle jusqu'à sa trente-sixième année. Dès son plus jeune âge, on voit se marquer et se fixer les traits de ce grand caractère, doux et fort, bienveillant et austère, original et réglé ; esprit supérieur, bon sens imperturbable, virile ardeur et paix profonde, di-

gnité sans raideur; distinction qui, « pour être de
race, n'est pas cependant du monde »; humilité
qui fuit tous les honneurs sans pouvoir échapper
à l'importance, qui refuse les faveurs de Henri IV
tout en attirant la sympathie et l'estime de ce
prince; science profonde et vigoureuse qui fait
redouter le controversiste des ministres protestants; maturité surprenante: presque enfant, il
mérite l'amitié toute spirituelle des plus pieuses
et plus fortes âmes; simple étudiant de théologie
il est déjà, malgré lui, directeur de consciences,
en attendant que prêtre, jeune encore, il gouverne
en France l'héroïque sainteté des premières filles
de sainte Thérèse, et unisse dans cette mission à
la spiritualité la plus élevée l'esprit de conduite, le
bon sens lumineux qui faisaient dire à saint François de Sales : « C'est un des esprits les plus clairs
« et les plus nets que j'aie jamais rencontrés »;
apportant dans toutes ses œuvres une autorité de
caractère, une fermeté persévérante, une énergie
indomptable, mais contenue, auxquelles rendait
hommage l'un des Carmes espagnols avec lesquels
il avait eu des difficultés : « Il y a dans sa con-
« duite, disait ce religieux, quelque chose qui part
« de là-haut, oui, quelque chose de si fort et de si
« puissant qu'il est impossible de lui résister ». Et
l'une des carmélites espagnoles ajoutait, en le com-
parant à ces Carmes pour lesquels elle avait cependant
dant un grand attachement : « Ce petit don Pèdre
« a plus de force et de vigueur qu'eux tous ; notre
« sainte Mère (sainte Thérèse) l'aurait bien aimé ».
Puis, comme trait vraiment caractéristique, au
milieu d'aptitudes si puissantes et si variées, l'unité

où l'on veut toujours l'attirer ; les controverses publiques avec les protestants, alors fort goûtées, dont il sort toujours vainqueur ; le monde politique et religieux de l'Espagne où il va négocier, au milieu de traverses sans nombre, l'émigration en France de quelques-unes des filles de sainte Thérèse, et d'où il ramène ces précieuses conquêtes dans un voyage dont le récit, à la fois spirituel et émouvant, n'est pas l'une des parties les moins attachantes de ce volume ; c'est surtout cette société de saintes âmes groupées dans l'hôtel de Mme Acarie et dans les premiers couvents du Carmel français, dont M. de Bérulle est le témoin, l'émule et le conseiller. Ce cadre est tracé avec soin et compétence par l'historien. Sans jamais se permettre une digression qui romprait l'unité de l'œuvre, il s'attache à faire bien connaître les événements, à peindre les lieux, à faire vivre les hommes au milieu desquels se meut M. de Bérulle. Les plus petits détails sont traités avec un scrupule religieux et un art délicat. Il n'est pas jusqu'au vieux Paris, jusqu'à ces couvents, bientôt illustres et vénérés, dont il n'ait recherché les vestiges dans d'authentiques documents et dont il ne ressuscite la pittoresque physionomie. Ne serait-ce que par ces côtés, cette œuvre serait d'un vif intérêt historique et nous en apprendrait sur la société de cette époque plus que bien des histoires générales.

Pénétrez, sous la conduite de l'auteur, rue des Juifs, dans l'hôtel de Mme Acarie, cette femme forte et aimable, simplement vêtue, mais de grand air, son beau visage illuminé par le double éclat de son intelligence supérieure et de son héroïque

vertu, fondant des couvents, ayant en quelque
sorte part, malgré elle, au gouvernement des âmes
chrétiennes ; ne négligeant aucun des devoirs de
sa nombreuse famille si admirablement élevée, ni
de sa maison si sagement ordonnée où la sainteté
s'étendait de la maîtresse jusqu'aux serviteurs.
Voyez autour d'elle ce concours de personnes de
tout rang, de tout âge, nobles et roturiers, hommes
publics et religieux, princesses et prélats, venant
chercher et trouvant auprès d'une femme de trente-
sept ans le conseil et la force. Assistez à quelques-
unes de ces conversations qui, au milieu du monde
et au début du XVIIe siècle, reportent l'esprit jusqu'aux Pères du désert, et où M. de Bérulle et
Mme Acarie ne traitent que des choses de Dieu avec
un calme et une paix vraiment célestes. « Ils y
avaient du mérite, nous dit leur historien, car
Mme Acarie était naturellement vive et prompte,
M. de Bérulle fort arrêté en son sens. Mais, de
crainte que sur des points où ils seraient d'avis
différents, l'un des deux ne vînt à excéder, ils
étaient convenus de s'avertir par un signe aussitôt
qu'ils s'en apercevraient, tant ils redoutaient « que
« l'esprit de la nature ne les surprît et n'affaiblît
« en eux l'esprit de la grâce ». Rien de plus charmant, de plus vrai, de plus émouvant que
tous ces tableaux, jusqu'à la figure originale de
M. Acarie, vieux ligueur, catholique ardent, beaucoup moins parfait que sa femme, à laquelle il
n'épargnait pas ses boutades, mais dont il était au
fond très fier. « On assure, disait-il gaiement, que
« ma femme sera sainte un jour, mais j'y aurai
« bien contribué, et il sera parlé de moi dans le

çaises non moins vaillantes, plus vives et plus en-
jouées, plus variées et plus naturelles avec leurs
physionomies diverses. Ce sont aussi ces alterna-
tives d'épreuves presque mortelles et d'ineffables
douceurs qui sont les fruits de la vie religieuse ;
puis ces amitiés du cloître, purifiées en Dieu, qui
rappellent l'affection d'un saint Benoît et d'une
sainte Scholastique, d'un saint François et d'une
sainte Claire. Tel était au dehors le rayonnement
de ces vertus pourtant cachées que les grands en
étaient émus : Marie de Médicis visitait à plusieurs
reprises, le monastère de l'Incarnation, et parfois,
sur l'ordre de la prieure, une religieuse, s'avan-
çant humblement et soulevant son long voile noir,
laissait voir à la reine et à ses dames les traits
amaigris, mais transfigurés, de quelque ancienne
célébrité de la cour. Le peuple lui-même n'était
pas moins saisi ; quand il fallut transférer la mère
Anne de Saint-Barthélemy du Carmel de Pontoise
dans un autre couvent, on dut la faire sortir de
nuit et travestie, les habitants de la ville voulaient
prendre les armes pour empêcher ce départ.

Le surnaturel éclate à chaque page de ces tableaux, mais il y est comme encadré dans la vérité naturelle qui donne plus de vie et de variété
au récit. On y retrouve cette fleur de vertu, cette
fraîcheur d'héroïsme qui sont l'incomparable
attrait des fondations religieuses à leurs débuts et
en quelque sorte leur printemps. On sait avec
quelle poésie M. de Montalembert nous a raconté
les premiers travaux de la grande famille bénédic-
tine, M. Ozanam ceux des anciens disciples de saint
François. M. l'abbé Houssaye nous fait éprouver

une jouissance analogue, et c'est au XVIIe siècle, quelques années après Montaigne et Rabelais, cent ans seulement avant Voltaire, que le Carmel fait revivre les premiers siècles chrétiens et la plus héroïque époque du Moyen Age. Aussi en sortant de cette lecture, répète-t-on volontiers ce que Mme Acarie disait après une visite au couvent de Paris : « Vrayment je sors d'avec les anges, et cette maison est un paradis en la terre. »

Au centre apparaît toujours la grave figure de M. de Bérulle : c'est lui qui conseille et régit ces grandes âmes. Dans sa modestie, il s'efface. Mais, en admirant tant de fermeté contenue et d'indomptable persévérance au milieu des difficultés, en considérant tant de bon sens, de sagesse, de méthode au milieu des ardeurs et des audaces de l'ascétisme, en entrevoyant surtout cette doctrine solide et sublime qui se mêle aux transports de l'amour chrétien, on sent qu'il est là et qu'il dirige tout. Néanmoins, quel que soit l'art sincère de l'historien pour ramener toujours la pensée du lecteur sur son héros, un intérêt très vif et parfois presque plus émouvant se porte sur Mme Acarie ou sur la mère Madeleine de Saint-Joseph. M. de Bérulle n'occupe pas la scène à lui seul. Du reste, ne l'oublions pas, il vient à peine de dépasser ses trente ans. Il n'a pas encore entrepris son œuvre propre. Nous allons le voir plus en face et de plus près, dans la fondation de l'Oratoire.

II

Le Père de Bérulle et l'Oratoire (1).

L'état du clergé séculier était le grand mal du monde chrétien, et surtout de la France, à la fin du XVIe siècle ; souvent désordre et corruption, presque toujours ignorance, abus, oubli de tous les devoirs ; le grand nom de prêtre était devenu un titre de mépris. Fonder de nouveaux ordres monastiques, en réformer d'anciens, était sans doute faire œuvre utile, mais non remédier directement au mal. L'idée nouvelle et originale du P. de Bérulle, dans la fondation de l'Oratoire est de poursuivre la réforme du clergé séculier lui-même. Son dessein est de former des prêtres qui conservent l'habit de leur état, demeurent soumis à leurs évêques, restent libres d'accepter des cures ou des aumôneries, ne fassent pas de vœux particuliers, mais s'efforcent de bien remplir les devoirs du sacerdoce et deviennent ainsi pour les autres prêtres un modèle à leur portée, pour les fidèles un sujet d'édification qui leur rende confiance et estime pour le clergé. Idée vraiment originale et féconde dans sa simplicité, marquée au coin de cette opportunité supérieure qui est le signe des inspirations providentielles.

Mais là aussi était la difficulté de l'œuvre. M. de Bérulle entreprenait de fonder à lui seul une congrégation dont le principe ne souillait ni à Rome,

(1) Journal *Le Français*, 29 Juin 1874.

— où l'on goûtait davantage les ordres exempts de la juridiction épiscopale — ni à Paris, aux universitaires et aux parlementaires, — car les prêtres de la nouvelle congrégation, sans aller jusqu'aux exagérations de quelques théologiens ultramontains, professaient des doctrines romaines opposées aux prétentions de Richer, le fameux syndic de la Sorbonne. M. de Bérulle ne s'inquiétait pas de plaire, quand il croyait servir l'Eglise et son pays. L'utilité, la nécessité de l'Oratoire lui étaient apparues, et il allait de l'avant sans s'inquiéter des difficultés. Grâce à sa courageuse fermeté, il avait bientôt obtenu l'approbation du Pape et triomphé de l'hostilité ouverte ou cachée de certains docteurs de Sorbonne. Force rare de caractère qui, aujourd'hui plus que jamais, peut être offerte en modèle ! Les résultats obtenus furent considérables et la fondation de l'Oratoire par le Père de Bérulle doit être certainement regardée comme un des faits les plus importants dans le grand mouvement de réforme intérieure qui fut l'honneur de l'Eglise et le salut du monde chrétien aux débuts du XVIIe siècle.

C'est sans doute une histoire austère. Dans la gravité raisonnable du fondateur et de ses disciples on ne trouve pas cette poésie mystique, nous pourrions presque dire ce pittoresque qui font le charme de l'histoire d'un saint Antoine, d'un saint Benoît ou d'un saint François d'Assise. Mais M. l'abbé Houssaye en demeurant avant tout exact et sincère, a eu l'art de donner à son récit un grand attrait. Qu'on lise, par exemple, le chapitre intitulé : *La Maison de la rue Saint-Honoré ;* n'est-on pas transporté en 1616, dans l'hôtel que vient d'acquérir M. de Bérulle pour sa congrégation naissante, et ne vit-on pas à côté de lui et de ses premiers disciples : le P. Bourgoing, le P. Gibieux, le P. Metezeau, le P. Berlin, le P. de Soulfour, les P. P. Gault ?

Si d'ailleurs l'Oratoire fait le sujet principal de ce volume, il est loin d'en être le sujet unique. En même temps que M. de Bérulle est le fondateur et le supérieur de la nouvelle congrégation, il reste le directeur des Carmélites. Dès le premier jour s'est établi un lien étroit entre le Carmel et l'Oratoire. Les deux congrégations semblent avoir besoin l'une de l'autre. A peine l'une est-elle établie dans une ville qu'elle y attire l'autre. N'est-ce pas chez quelques-unes des grandes religieuses du Carmel que M. de Bérulle trouve l'amitié surnaturelle, le fidèle appui, parfois même le sûr conseil qui l'aident à lutter contre les difficultés de toutes sortes ? Aussi l'histoire de M. de Bérulle continue-t-elle à être l'histoire du Carmel français. A côté des profils graves et sévères des Oratoriens, quel charmant contraste que les figures de ces jeunes femmes, séduisantes et héroïques, arrachées par Dieu à leurs familles, quelquefois aux plaisirs de la cour, et conduites par la même main derrière les grilles du Carmel ! L'auteur se complaît à les étudier et ce lui est une occasion de nous présenter une série de médaillons gracieux et touchants, tracés avec art et amour.

Mais l'épreuve est la loi des œuvres humaines les plus pures. M. de Bérulle ne devait pas y échapper. Sous l'action des Carmes, jaloux de voir en d'autres mains une direction à laquelle ils pré-

tendaient avoir droit, une véritable révolte contre
l'autorité du P. de Bérulle éclata dans certains
couvents de Carmélites. Elle s'y produisit avec
cette violence et cette obstination qui s'allient parfois dans les discussions religieuses à de réelles
vertus ; Port-Royal devait en donner bientôt un
exemple plus retentissant encore. Il faut voir les
évêques, pour réduire les Carmélites rebelles,
obligés de faire appel aux archers du roi — intervention au moins singulière et qui fait bien connaître les mœurs du temps — ces archers en-
fonçant les portes des couvents que l'on a barri-
cadées avec des amas de pierres, des tonneaux et
des fascines, et se trouvant ensuite en face de la
prieure et de ses religieuses qui les attendaient
après s'être liées les unes aux autres par des chaînes
d'argent.

Le Père de Bérulle n'était pas attaqué seulement
dans son autorité, mais dans son caractère et dans
son orthodoxie. Les Carmes lançaient contre lui
des libelles d'une violence extrême. Un évêque
ayant pris sa défense dans une lettre publique, un
Carme signalait « les injures atroces, les calom-
« nies puantes, les ignorances grossières des-
« quelles cette épistre était faite » : il traitait l'auteur
« de calomniateur, menteur, diffamateur, asne
« brayant, corbeau croassant, estre qui ne se ser-
« voit de sa raison que pour estre plus beste que
« les bestes ». L'attaque était d'autant plus redoutable que derrière les Carmes qui jouissaient
d'un crédit médiocre, le Père de Bérulle rencontrait
au second rang un ordre autrement puissant, la
Compagnie de Jésus. Celle-ci adressa même à

Richelieu, qui voulait s'interposer, un Mémoire contre l'Oratoire que M. Houssaye reproduit, et M. de Bérulle, invité à son tour par le Cardinal à se défendre, terminait son Mémoire par ces graves paroles sur les Jésuites :

« J'aime mieux finir que rechercher davantage « leurs excès envers nous, vous suppliant, Monsei- « gneur, de considérer que leur conduite est fort « élevée, leur esprit peu déférent et leur humeur « fort difficile, et qu'il est notoire comme ils ont « de la peine à vivre en Italie avec les Théatins, « en Espagne avec les Dominicains, en France « avec les Capucins, en Angleterre avec tout le « clergé, surtout avec les religieux ; et partant il « n'est pas raisonnable de nous imputer s'ils ont « de la peine à vivre avec nous, puisque ce mal- « heur nous est commun avec tout le reste de « l'Eglise au regard d'eux. Je supplie le Dieu de « paix d'étendre sur nous sa grâce et sa conduite, « pour nous rendre tous enfants de paix et anges « de paix, et en cette qualité être dignes d'annoncer « comme eux, en la terre, la gloire à Dieu et la « paix aux hommes de bonne volonté. »

Si M. Houssaye raconte avec la sincérité de l'historien ces fâcheux démêlés, il est facile de voir qu'il le fait à regret, sans vouloir réveiller des passions éteintes. Il est de ceux qui détestent dans l'Eglise les divisions et l'insoumission

Du reste le Père de Bérulle ne luttait, en quelque sorte, qu'à son corps défendant. Dans son humilité mortifiée, il acceptait presque de se voir calomnié jusque dans sa foi. Il ne mettait même pas de passion dans la défense des intérêts de sa

congrégation, genre de modération fort rare, fût-
ce chez les plus saints religieux. Il était humble
non seulement pour lui, mais pour l'Oratoire. « Je
« ne souhaiterai jamais — disait le Père de Con-
« dren, — s'inspirant de l'esprit du P. de Bérulle
« — que nos maisons soient tout à fait accommo-
« dées, de peur que l'aise de la chair ne produise
« la paresse et l'orgueil de l'esprit. Je me donnerai
« toujours de garde de faire servir l'Eglise à l'Ora-
« toire au lieu de faire servir l'Oratoire à l'Eglise ».
Mais Dieu n'abandonnait pas le Père de Bérulle.
Rome le vengea des attaques de ses adversaires.
En dépit des plus puissantes intrigues, trois papes
successifs lui donnèrent pleinement raison, con-
firmèrent son autorité sur les Carmélites et lui
témoignèrent leur confiance et leur estime. La
paix et l'ordre finirent par se rétablir dans le
Carmel. L'Oratoire, dont les progrès avaient un
moment été arrêtés par cette crise, prit de nouveaux
développements, et, treize années après sa fondation, il comptait près de cinquante maisons.

Si intéressante que soit, même pour un lecteur
profane, cette histoire des fondations religieuses
de M. de Bérulle, il y a autre chose dans le livre
de M. l'abbé Houssaye. M. de Bérulle a été, malgré
lui, mêlé aux grands événements de son temps et
de son pays ; et c'est le mérite de M. Houssaye de
se montrer autant historien politique que biographe religieux. De là, l'attachante variété de ce
volume : après tel chapitre où l'auteur nous a fait
pénétrer dans l'Oratoire et derrière les grilles du
Carmel, nous sommes tout à coup transportés à
la cour de Louis XIII ou de Marie de Médicis.

M. de Bérulle dut intervenir à cette époque dans deux affaires importantes : la querelle du jeune roi avec sa mère, puis les négociations pour obtenir de la cour romaine la dispense nécessaire au mariage d'Henriette de France avec Charles Iᵉʳ d'Angleterre. Dans les deux circonstances, le Père de Bérulle ne consentit que malgré lui à s'interposer comme négociateur, et seulement parce qu'il y voyait un intérêt religieux : dans le premier cas, une pacification intérieure qui mettait fin à un scandale et qui permettait d'unir toutes les forces du royaume contre les protestants ; dans le second, le retour espéré de l'Angleterre à la foi catholique.

M. Houssaye, sans oublier jamais le sujet principal de son ouvrage, ni se perdre dans les digressions qui auraient pu tenter un écrivain moins maître de lui, raconte d'une façon très vive et très intéressante les divers épisodes des querelles intestines de Marie de Médicis et de Louis XIII, auxquelles le Père de Bérulle s'est trouvé mêlé. Lisez par exemple, le chapitre sur le « Traité d'Angoulême ». Rarement on a mieux fait revivre cette époque singulière, époque d'intrigues à l'italienne et de combats à la française, de ruptures et de réconciliations, de favoris tout puissants et de grands seigneurs rebelles, où des cours rivales mènent de front les plaisirs et les batailles, les ballets, et les coups de mains, sorte d'anarchie aristocratique à laquelle l'implacable volonté de Richelieu n'avait pas encore mis bon ordre. Les personnages importants que l'auteur rencontre sur son chemin, il en trace le portrait d'un crayon plus ou moins léger, suivant le plan où ils se meuvent. C'est tantôt quelque courtisan, comme le maréchal d'Ancre ou le duc de Luynes, un saint aimable comme l'évêque de Genève, M. d'Andilly alors homme de cour, M. de Saint-Cyran dont on ne prévoyait pas la révolte, la figure beaucoup moins austère et d'une finesse toute romaine du nonce Bentivoglio, c'est surtout le masque redoutable, quoique encore dans la pénombre, de Richelieu, un Richelieu à ses débuts, s'acheminant vers le pouvoir, ambitieux, habile, encore souple, mais déjà résolu et impérieux.

Dans un tel monde, ce qui devait le plus surprendre le Père de Bérulle, c'était de s'y voir jouant un rôle important. Il allait droit son chemin, tout entier à son devoir, ne se laissant ni intimider ni séduire, disant à chacun la vérité, se faisant estimer et admirer de tous, ne demandant et ne recevant rien non seulement pour lui, mais pour sa congrégation, ce qui est plus rare et ce qui ne laissait pas de surprendre un pieux jésuite de ses amis. Singulier ambassadeur que ce prêtre, cheminant à cheval par des routes parfois peu sûres, seul avec un de ses confrères de l'Oratoire, méditant sur le mystère de l'Incarnation, s'écriant de temps à autre : « Oh grand Dieu ! faites-nous miséricorde ! … Oh Jésus ! Oh Marie ! » puis retombant dans son silence. Un jour, son compagnon lui montre un héron s'enlevant à peu de distance. « Eh bien ! loué soit Dieu qui l'a créé ! » répond le Père, sans même détourner la tête. Le paysan, qui souffrait si cruellement des querelles des grands, et qui regardait passer M. de

Bérulle fatigué, couvert de poussière, absorbé dans
la pensée de Dieu et de son pays. disait : « Voilà le
saint Père qui nous apporte la paix. » Puis quand,
après avoir réussi dans quelqu'une de ces négociations, le roi et la reine mère demandaient à
voir le saint prêtre, quand tous les grands de la
cour venaient le chercher, on ne pouvait parvenir à
le trouver : il était caché au fond d'un confessionnal, dans un couvent de Carmélites, employant
toute la journée dans le jeûne le plus rigoureux et
la prière continuelle.

Un peu plus tard, il lui faut se rendre à Rome
pour obtenir la dispense nécessaire au mariage
d'Henriette de France et de Charles 1er d'Angleterre. C'est un cadre nouveau. On comprend après
avoir lu M. l'abbé Houssaye ce qu'était la cour
romaine à cette époque : mélange de dignité et de
faiblesse, de foi religieuse et de politique humaine
de grandes vues et de petites intrigues. de vertu et
de népotisme. Voyez, par exemple, avec quelle
finesse l'auteur a esquissé le portrait d'Urbain VIII :

« Maffeo Barberini qui, sous le nom d'Urbain VIII
« occupait depuis un an le siège de Saint-Pierre,
« avait l'intelligence ouverte, la parole abondante,
« le conseil prompt, la volonté énergique. C'était
« un prince équitable quoique enclin au népo-
« tisme, laborieux, habitué à tout voir et à beau-
« coup faire par lui-même, capable d'entendre la
« vérité pourvu qu'elle fût tempérée de respect ;
« facile même à revenir sur ses résolutions pour
« peu qu'elles lui parussent contraires à la raison
« ou à la justice. Ami et protecteur des lettres

« qu'il cultivait avec talent, il unissait aux quali-
« tés de l'homme d'État, la piété et les vertus du
« prêtre. Sixte V, qui lui avait ouvert la porte des
« honneurs en l'élevant à la prélature, dès l'âge de
« dix-neuf ans, demeurait à ses yeux le modèle
« des pontifes. Comme lui, rêvant pour la pa-
« pauté un grand rôle politique dans le monde,
« il voulait, avant tout, assurer sa liberté et
« veillait avec un soin jaloux à l'indépendance
« de l'Italie. Aussi, la voyant sans cesse me-
« nacée par l'Espagne et trouvant dans la maison
« de Bourbon une rivale naturelle de la mai-
« son d'Autriche, avait-il des inclinations toutes
« françaises fortifiées encore par le souvenir des
« marques d'estime dont l'avait comblé, lors de sa
« nonciature, à Paris, le plus séduisant des
« politiques, Henri IV. Dès lors, il devait être
« favorable et au projet de mariage du prince de
« Galles avec la princesse Henriette, lequel enle-
« vait à l'Espagne l'amitié de l'Angleterre, et au
« dessein bien arrêté de Louis XIII de ne point
« abandonner les défilés de la Valteline aux Espa-
« gnols toujours prêts à en user, pour asservir
« l'Italie. Il ne semble même pas qu'il repoussât
« absolument les alliances protestantes, si, grâce
« à elles, il pouvait tenir en respect l'Empire et
« l'Espagne coalisés. D'où venaient alors ses hési-
« tations, ses froideurs momentanées, ce refus
« d'accéder aux demandes de Louis XIII qui
« étonnait le P. de Bérulle et dont M. de Béthune
« ne se rendait pas un compte exact ? D'une cause
« que les ambassadeurs vénitiens avaient déjà si-
« gnalée à leur gouvernement, et M. de Marque-

« mont à sa cour, d'un sentiment très développé
« chez Urbain VIII, celui de son autorité. Dans
« l'affaire de la Valteline, le roi très chrétien ne
« s'en était pas remis assez complètement à son
« intervention; dans la négociation pour le ma-
« riage d'Angleterre, il lui demandait une dispense
« comme à un souverain spirituel, non des conseils
« comme à un arbitre : Urbain était blessé. En re-
« tardant l'expédition de la dispense, il forçait la
« cour de France à compter avec lui, et, en appa-
« rence il ménageait l'Espagne dont il souhaitait
« avec passion l'abaissement, mais dont il redou-
« tait la puissante inimitié. »

A Rome comme en France, M. de Bérulle est
toujours le même, sensé, droit, ferme. Il s'adresse
au Pape avec sa franchise habituelle. Parlant de
l'Angleterre qu'il espère voir ramener à la foi par
le mariage d'Henriette, il ne craint pas de dire en
face au Souverain Pontife : « J'ose m'expliquer
« plus clairement ; la promptitude d'un Pape
« l'ayant blessée, il faut que la promptitude d'un
« Pape la guérisse. » Un autre jour il disait à
Urbain VIII : « Il semble que le Fils de Dieu ait
« épuisé sa puissance pour vous faire grand ; mais
« aussi vous êtes obligé de faire un grand usage
« d'une grâce si abondante. » Le Pape, bien loin
de se blesser de cette liberté de langage inaccoutumée, ne pouvait retenir ses larmes, et quelques
jours plus tard, il disait au Père Bertin : « Le Père
« de Bérulle n'est pas un homme, c'est un ange. »

Partout donc, en France et à Rome, dans le
monde politique et dans le monde religieux,
M. de Bérulle a mérité l'estime et l'admiration. A

II

Les évolutions religieuses de Sainte-Beuve (1).

Nul ne goûte plus que nous le merveilleux talent de M. Sainte-Beuve. Cet écrivain comptera parmi les maîtres de la critique contemporaine. Ce n'est pas que nous admirions tout également dans son œuvre ; ce qu'il a écrit depuis vingt ans fait tort à ce qu'il avait écrit autrefois. Nous préférons de beaucoup ce que l'on pourrait appeler sa seconde manière, celle qui s'est manifestée avec tant de charme et d'éclat dans ses *Lundis*. Comme « journaliste », dans le genre nouveau qu'il avait créé et qui lui convenait mieux que l'article de Revue, il était inimitable ; il n'avait pas été, au contraire, au premier rang des *Essayists*. On pourrait retrouver dans ses premières œuvres plus d'une page charmante ; déjà les mots heureux, les idées originales y abondent ; mais parfois la sobriété, le goût, la limpidité, la correction même, font défaut. Le jeune auteur ne sait sacrifier ni une idée, ni une image, ni un trait, et, parmi ces traits, il y en a plus de cherchés que de trouvés. L'absence de simplicité va souvent jusqu'à l'obscurité, et au précieux. Il y a comme un miroitement qui fait

(1) Cette étude fut publiée dans *le Français* du 17 octobre 1869, à l'occasion de la mort de Sainte-Beuve et parut le jour même de son enterrement.

perdre de vue la suite des idées. En relisant les écrits de cette époque, on se rappelle le mot malicieux de Balzac, raillant cette langue nouvelle, « le Sainte-Beuve ». Plus tard, le critique a fait le contraire de beaucoup d'écrivains de notre temps, il s'est corrigé et perfectionné en vieillissant. Son goût est devenu plus sûr ; sa langue nette, légère, alerte est parsemée encore de traits ingénieux et piquants, mais avec mesure et clarté.

Après tout, faire l'éloge du mérite littéraire de M. Sainte-Beuve, est presque une banalité. Nous avons hâte d'aborder un sujet plus grave et plus délicat qui nous paraît se présenter naturellement à l'esprit en un pareil moment : l'étude du caractère et de la valeur morale. Faisons ce qu'aimait à faire M. Sainte-Beuve lui-même ; derrière l'écrivain, cherchons l'homme.

I

Nous n'avons certes pas la prétention, dans une étude rapide, d'aborder par toutes ses faces une nature aussi complexe, aussi ondoyante. Nous voudrions nous attacher à ce qui frappe d'abord dans cette existence : la mobilité. C'est à elle que s'en sont pris, depuis vingt ans, les adversaires, souvent trop passionnés pour être équitables, de M. Sainte-Beuve. Ses amis cherchent à l'expliquer, ils ne peuvent la nier. Lui-même ne s'en cachait pas, et, comme s'il pressentait le reproche et voulait le détourner en allant hardiment au-devant, il avait pris pour épigraphe de son dernier ouvrage : « Nous sommes mobiles et nous jugeons des êtres mobiles ».

Quelle différence, en effet, entre le Sainte-Beuve d'il y a trente ans et celui qui vient de s'éteindre !

On l'appelait alors « le doux, le tendre, le bon Sainte-Beuve, » tout entier à l'enthousiasme et à l'admiration, homme des pélerinages et des dévotions littéraires, se faisant en quelque sorte devant le public le prêtre et l'apôtre des dieux nouveaux dont il prêchait la gloire. « Il y avait en moi dans ces années, raconte-t-il, un trop-plein de sensibilité, un besoin d'admirer et de pousser à l'idéal chaque objet de mon culte ». Et pour faire mieux connaître le sentiment de piété qu'il portait dans la critique, il nous a rappelé un passage de son roman de *Volupté* où Amaury s'écrie : « ... Dans les lettres même, il est ainsi des âmes tendres, des âmes secondes, qui épousent une âme illustre et s'asservissent à une gloire. Wolf, a dit quelqu'un, fut le prêtre de Leibnitz ; dans les lettres sacrées, Fontaine suivait Saci ; et le bon Camus, M. de Genève. Oh ! quand il m'arrivait d'entrer pas à pas en ces confidences pieusement domestiques, comme ma nature admiratrice et compréhensive se dilatait, comme j'aurais voulu avoir connu de près les auteurs, les inspirateurs de ces récits ! Comme j'enviais à mon tour d'être le secrétaire et le serviteur des grands hommes !... »

Amaury a bien changé depuis lors. Il n'a plus été le « héraut d'armes » des modernes grands hommes. Pour emprunter encore le langage du critique, « il s'est retourné contre eux, il s'est fait en partie public, et les a jugés » ; aussi sceptique, aussi froidement et impitoyablement curieux qu'il était autrefois confiant, enthousiaste et croyant ; désenchanté de toutes choses, cherchant à voir plus qu'à sentir, à comprendre plus qu'à aimer ; plus heureux de découvrir une petitesse chez un grand homme, que de goûter avec le vulgaire les jouissances de l'admiration ; travaillant même à détruire chez les autres les sentiments qu'il ne savait plus éprouver.

Le contraste apparaît d'une façon piquante dans la nouvelle édition qu'il a donnée peu de temps avant sa mort de ses *Portraits contemporains* (1). L'attrait de cette réimpression n'est pas le texte originaire des portraits qui datent des premières années du gouvernement de juillet. Ce sont les notes, souvent étendues, par lesquelles le Sainte-Beuve de 1869 commente et corrige celui de 1830.

Reconnaissons du reste, pour être juste, que si le peintre est changé, les modèles ne le sont pas moins. M. Sainte-Beuve est souvent dans le vrai quand il parle du « mécompte » et du « deuil » de ses espérances, quand il se plaint que les grands hommes de sa génération n'aient pas « vérifié ses prédictions et couronné ses désirs ». Il avait « conçu pour eux, dit-il, un idéal de caractère et de carrière qu'ils n'ont pas rempli ou qu'ils ont vite dépassé et traversé d'outre en outre ». Si l'écrivain dans la maturité de son talent, moins ébloui et plus perspicace, s'était contenté d'atténuer les exagérations de ses jugements de jeunesse ; s'il avait signalé les louanges qui étaient de

______

(1) Chez Michel-Lévy, 1869.

commande ou d'amitié ; s'il avait montré en quoi l'orgueil des uns, la faiblesse des autres ne leur avaient pas permis de réaliser ses confiantes prophéties, qui aurait pu le blâmer ? C'est ce dont n'ont pas toujours tenu compte ceux qui, blessés dans leur susceptibilité de disciple ou d'ami, ont reproché d'une façon absolue à M. Sainte-Beuve la contradiction entre les sévérités de sa vieillesse et les complaisances de ses débuts.

Pourquoi M. Sainte-Beuve ne s'en est-il pas tenu toujours à ces irréprochables rectifications ? Pourquoi a-t-il paru souvent obéir à de plus petits et moins louables sentiments ? N'a-t-il pas pris plaisir à dévoiler, sans nécessité, et à exagérer même le côté faible des hommes qu'il admirait autrefois ? Dans les notes ajoutées à ses *Portraits contemporains*, et surtout dans celles qu'il consacre à George Sand, il a usé et abusé des indiscrétions épistolaires. Le romancier l'avait, dit-il, dans un « moment délicat de sa vie « pris » pour confi- « dent, pour conseiller, presque pour confesseur. » Il paraît que dans le « diocèse » de M. Sainte-Beuve, les confesseurs n'étaient pas tenus au se- cret. D'autres fois, on rencontre dans ses nouveaux jugements je ne sais quel besoin de malice qui le pousse à racheter ses éloges d'autrefois en lançant d'une main légère, mais cruellement habile, le trait dans l'endroit le plus sensible, ou même, ce qui est moins noble encore, un désir de repré- sailles, une rancune froide et implacable, cher- chant à se satisfaire, au moyen de lettres plus ou moins compromettantes et de fragments de con- versation retrouvés après trente ou quarante ans, au moyen de petites insinuations, de petits commérages, de petits papiers de toute sorte.

Laissons ces misères. Qu'il y ait une part de vérité dans quelques-unes de ces attaques, personne ne le conteste. Les victimes sont loin d'être toutes également intéressantes. En plus d'un cas, on ne saurait au fond blâmer M. Sainte-Beuve d'avoir changé d'avis. Mais on sent que le seul amour de la justice n'a pas toujours inspiré ces exécutions.

Encore si les changements de M. Sainte-Beuve n'avaient porté que sur des questions variables de goût littéraire, et sur des hommes parfois aussi mobiles que le mobile critique ! Mais n'ont-ils pas porté sur les idées, — opinions politiques ou principes religieux ? L'opposant farouche de 1830, l'adversaire indigné et passionné du Premier Empire, est devenu le panégyriste littéraire du régime de 1852 et le sénateur complaisant du Second Empire — tant du moins que celui-ci lui a paru sûr de l'avenir. Celui qui se déclarait, en 1834. « chrétien et catholique d'affinité et de désir », s'est donné pour mission, dans les dernières années de sa vie, d'attaquer toutes les idées et les institutions religieuses, cherchant à effacer l'impopularité de son servilisme politique en faisant parade d'irréligion et en insultant l'Église.

II

M. Sainte-Beuve a pu être un moment embarrassé d'expliquer de si nombreuses et complètes évolutions. Mais bientôt il a pris son parti, et de tous ces changements il a fait un système. A l'en-

tendre, s'il a paru parfois attaché à quelque grand
homme, à telles ou telles doctrines littéraires, opinions politiques ou croyances religieuses, ce n'était,
de sa part, qu'une des formes de l'étude et de la
curiosité. Il traversait les écoles, les partis ou les
églises en touriste désireux de tout connaître, qui
pour mieux voir revêt le costume du lieu et en
adopte les pratiques. Quand il voulait comprendre
un auteur, nous dit-il lui-même, il se plaçait à son
point de vue et le considérait dans son milieu.
« Je m'étais pour le moment, ajoute-t-il, transporté avec lui dans son monde, dans les régions
d'idées ou d'opinions qu'il avait traversées, et je
m'étais comme transformé en lui. Ç'a été volontiers de tout temps mon habitude et ma méthode
de critique. Je cherchais à m'effacer, à m'oublier :
je n'étais plus chez moi, j'étais chez un autre pour
une quinzaine, ou mieux j'étais cet autre même,
et l'on m'aurait pu prendre pour son second.
« M. Sainte-Beuve, comme l'a fait remarquer un
fin critique, M. Planche, ne perdait jamais de vue
les paroles de Bacon : *Oportet discentem credere.*
Il croyait pour quelque temps aux hommes qu'il
voulait étudier. Mais croire n'était pour lui qu'une
manière de comprendre. Aussi, entendez-le bien,
il l'a dit à propos de Lamennais et du catholicisme, et il aurait pu le dire aussi pour tous ceux
auxquels il a paru adhérer de cœur et d'intelligence : « Je m'étais prêté, je ne m'étais point
donné. » Il a dit aussi : « J'ai tout côtoyé pour tout
comprendre. » Il n'a pas attendu 1869 pour nous
faire ces révélations, et dès 1852, on lisait dans ses
Derniers Portraits :

« Je suis l'esprit le plus brisé et le plus rompu aux métamorphoses.

« J'ai commencé franchement et crûment par le XVIIIe siècle le plus avancé, par Tracy, Daunou, Lamarck et la physiologie : là est mon fond véritable.

« De là je suis passé par l'école doctrinaire et la psychologie du *Globe*, mais en faisant mes réserves et sans y adhérer.

« De là j'ai passé au romantisme poétique et par le monde de Victor Hugo, et j'ai eu l'air de m'y fondre.

« J'ai traversé ensuite ou plutôt côtoyé le saint-simonisme, et, presque aussitôt, le monde de Lamennais encore très catholique

« En 1837, à Lausanne, j'ai côtoyé le calvinisme et le méthodisme, et j'ai dû m'efforcer à l'intéresser.

« Dans toutes ces traversées, je n'ai jamais aliéné ma volonté et mon jugement — (hormis un moment dans le monde de Hugo et par l'effet d'un charme). Je n'ai jamais engagé ma croyance ; mais je comprenais si bien les choses et les gens, que je donnais les plus grandes espérances aux sincères qui voulaient me convertir et qui me croyaient déjà à eux. Ma curiosité, mon désir de tout voir, de tout regarder de près, mon extrême plaisir à trouver le vrai relatif de chaque chose et de chaque organisation m'entraînaient à cette série d'expériences, qui n'ont été pour moi qu'un long cours de physiologie morale »

Nous ne connaissons guère de langage qui laisse dans l'âme une impression plus triste et plus pénible. Pour la réputation même de l'auteur, nous préférerions beaucoup l'entendre confesser, sans explication, ses conversions successives, dût le public les croire intéressées. Nous n'avons garde de blâmer, sans doute, que le critique cherche à s'assimiler un moment à ceux qu'il veut juger, pour les mieux comprendre. Mais peut-on admettre cette existence de dilettante, où l'on chercherait vainement un sentiment vrai du cœur et une conviction profonde de l'âme, où tout est travail de tête et d'imagination ; ce scepticisme curieux qui fait apprendre à jouer de toutes les croyances comme on joue d'instruments divers, qui ne cherche dans l'intimité et dans l'enthousiasme qu'une occasion de dissection littéraire et d'exploitation poétique, et qui ne voit, comme on l'a dit, dans le christianisme « qu'un sujet qui prête et une recette pour se donner des idées ? »

III

L'explication donnée par M. Sainte-Beuve de sa mobilité, pouvons-nous même la trouver moralement vraisemblable ? On est tenté de se demander si ce n'est pas un système inventé après coup pour éviter d'avouer de trop nombreux changements, et si l'auteur ne calomnie pas sa jeunesse pour la mettre tant bien que mal d'accord avec le reste de sa vie ? Quand notamment il a traversé ou côtoyé le catholicisme, n'était-ce, comme il le dit, qu'une « étude de physiologie morale ! »

Dans sa phase catholique il a subi deux influences, celle de M. Victor Hugo et celle de Lamennais. La première s'est manifestée dans les *Consolations,* publiées en 1830. Les *Poésies de*

Joseph Delorme, mises au jour quelques années auparavant, avaient exprimé avec une grande vivacité d'accent et une crudité singulière de langage l'égarement des sens et les pensées mauvaises du poète imaginaire. Dans les *Consolations*, au contraire, M. Sainte-Beuve se montre transformé ; lui-même fait honneur de cette transformation à « son ami chrétien », et cet ami, tout le monde le devine, c'est M. Victor Hugo. Qu'on lise la préface de ce volume, qu'on parcoure les vers qui y sont contenus, les plus beaux qu'ait écrits l'auteur, on verra partout dominer l'inspiration religieuse. Le poète, lassé de ses doutes, humilié de ses misères, est monté jusqu'à Dieu. Le critique sceptique et refroidi de 1869 se sentait ému encore au souvenir de ce livre « qui était resté à ses yeux comme le sanctuaire ardent et pur des plus belles heures de sa jeunesse ».

Peu de temps après commencent ses relations avec Lamennais. L'intermédiaire fut M. Victor Hugo qui connaissait depuis de longues années le prêtre breton et l'avait même pris pendant quelque temps pour directeur spirituel (1). M. Sainte-Beuve a raconté en 1832 comment il a rencontré Lamennais à Juilly et « a subi en l'écoutant sur l'intimité de son être des révélations d'âme à âme qui lui ont fait voir clair en une bien pure essence ». Ces relations devinrent chaque jour plus intimes. De 1832 à 1836, le critique n'a pas fait moins de trois grands articles sur Lamennais. Qu'il parlât des

(1) C'est ce que nous rapporte l'auteur de *Victor Hugo raconté par un témoin de sa vie*.

chansons de Béranger ou de tout autre sujet, il trouvait moyen d'amener quelque phrase d'éloge enthousiaste sur « le prêtre illustre qui était à ses yeux plus qu'un écrivain ». Celui-ci, de son côté, l'appelait, dans ses lettres à l'abbé Gerbet, « notre bon Sainte-Beuve ». Il le chargeait, en 1834, de faire imprimer les *Paroles d'un croyant* « avec pouvoir de changer tout ce qu'il lui plairait. » Le jeune ami usait de son pouvoir pour supprimer un passage trop vif contre le pape et le catholicisme, et pour mettre à la place des lignes de points qui, depuis, ont été conservés dans toutes les éditions.

C'est alors que M. Sainte-Beuve, recevant ces inspirations religieuses sans être cependant pleinement purifié des souvenirs du passé, écrivait *Volupté*, œuvre bizarre et mélangée qui commence par les cris de la chair et se termine par le cantique de la foi. Tels étaient les liens qui l'unissaient alors aux disciples de Lamennais que le tableau de la vie de séminaire qui se trouve vers la fin de cet ouvrage est, dit-on, de l'un des plus brillants rédacteurs de l'*Avenir*, de l'abbé Lacordaire. M. Sainte-Beuve semble s'être vanté de cette collaboration. « M. Lacordaire, dit-il dans une de ses *Causeries*, a peint à ravir la paix, l'espèce de rajeunissement qu'on éprouve dans les premiers jours lorsqu'au sortir du monde, on entre au séminaire... Je pourrais citer de lui là-dessus des pages charmantes, poétiques, écrites pour un ami, et placées dans un livre où l'on ne s'aviserait guère de les démêler. »

Aussi des catholiques croyaient-ils pouvoir

considérer l'auteur de *Volupté* presque comme un des leurs. Plus d'un passage de ses écrits d'alors pouvait encourager leurs espérances. Lui-même, sans aller jusqu'à la profession de foi, se proclamait en pleine *Revue des Deux Mondes* « catholique d'affinité et de désir. ».

Mais bientôt Lamennais se révolte et brise avec le catholicisme. M. Sainte-Beuve, bien loin de l'avoir poussé, l'a retenu : il cherche quelque temps, mais vainement, à se faire illusion sur la rupture. Troublé, sans guide, il s'arrête sur cette route qui le menait à la foi ; il rebrousse chemin et revient errer dans les régions froides et obscures du scepticisme. « Le mal produit par M. de Lamennais, écrivait, le 31 octobre 1836, Mme Swetchine, s'adressa surtout aux vacillants et aux faibles ; il n'a ébranlé personne, mais il a éteint peut-être plus d'un lumignon qui luisait encore, il a achevé de briser les roseaux. Je viens d'avoir un long entretien avec M. Sainte-Beuve qui est bien en deçà des espérances que nous avait données son livre ».

Mais ne croyez pas que celui-ci dise adieu sans souffrir à ses rêves de foi. Dans un article en 1836, sur le livre des *Affaires de Rome* qui consommait définitivement la rupture de Lamennais avec le catholicisme, nous surprenons un véritable cri de douleur. S'adressant au prêtre rebelle, M. Sainte-Beuve lui dit :

Est-ce bien possible d'abdiquer brusquement de la sorte, et cela vous était-il permis ? Rien n'est pire, sachez-le bien, que de provoquer à la foi les âmes et de les laisser là à l'improviste en délogeant.

Rien ne les jette autant dans ce scepticisme qui vous est encore si en horreur, quoique vous n'ayez plus que du vague à y opposer. Combien j'ai su d'âmes expirantes que vous teniez et portiez avec vous dans votre besace de pélerin, et qui, le sac jeté à terre, sont demeurées gisantes le long des fossés ! L'opinion et le bruit flatteur, de nouvelles âmes plus fraîches, comme il s'en prend toujours au génie, font beaucoup oublier sans doute et consolent ; mais je vous dénonce cet oubli, dût mon cri paraître une plainte.

Qui ne voit qu'il était une de ces âmes « gisantes le long des fossés » ? Il n'a pas depuis repris son pélerinage. En vieillissant, il s'est toujours éloigné davantage du christianisme. L'indifférence est devenue de la haine. Du scepticisme, il est descendu au matérialisme. Mais aurait-il trouvé des accents, les plus éloquents et les plus vraiment émus qui se soient jamais échappés de son cœur, s'il n'avait été, en se rapprochant du catholicisme, qu'un dilettante sceptique et curieux tel qu'il s'est plu à se montrer jusqu'au dernier moment ? Pourquoi donc ne pas avouer la sincérité de ses aspirations chrétiennes et la réalité de ses déchirements ? Il aurait trouvé dans la chute de son guide une excuse, non pas pour l'impiété haineuse de la fin de sa vie, mais pour l'éloignement et le découragement de sa jeunesse. Nous devrions le plaindre plus encore que le blâmer ; et, sans chercher à pénétrer les secrets de la miséricorde et de la justice divines, on ressentirait surtout pour cette nouvelle victime d'un siècle troublé, une immense et douloureuse pitié.

Même devant ce cercueil d'où le mourant a repoussé les prières de l'Eglise, cette pensée nous poursuit. Nous voudrions alléger la responsabilité qui pèse sur cette âme. Nous nous refusons à croire M. Sainte-Beuve quand il se vante de n'avoir été de tout temps qu'un curieux se livrant à « des études de physiologie morale. » Mais si l'on peut contester l'exacti*t*ude historique de ses assertions ce qui n'est que trop réel, c'est l'état de l'âme qui veut donner d'elle une pareille idée. Le critique parlait, quelque temps avant sa mort, des maux dont il était affligé. Ce retour sur lui-même avait de quoi nous toucher. Cependant, dans cette impression grave et cette compassion émue qu'éveille toujours en nous la vue d'un homme frappé mortellement par un mal mystérieux et redoutable, rien n'est triste à contempler comme ce scepticisme et ce matérialisme obstinés, qui n'ôtent pas seulement aux années de la vieillesse et de la souffrance leur dignité et leur consolation, mais reviennent sur les années de la jeunesse pour les déparer de leurs croyances et de leur enthousiasme.

Il y a quelques mois, le hasard nous avait fait lire presque en même temps la nouvelle édition des *portraits* de M. Sainte-Beuve et l'article que M. Guizot venait de publier dans la *Revue des Deux-Mondes* pour défendre le christianisme contre le rationalisme, et, sans prévoir la fin si proche du critique, nous comparions ces deux vieillesses. Quel contraste ! quelle distance de l'une à l'autre ! M. Guizot reprenant l'histoire de son âme pour se préparer, disait-il, au compte qu'il aurait à rendre, rappelait comment dans sa jeunesse, un instant

éloigné du christianisme, il y avait été ramené par
l'étude et par l'école de la vie politique : et nous le
voyions, à mesure qu'il avançait dans sa verte
vieillesse, atteindre des sphères plus hautes et plus
sereines, consacrant presque exclusivement son
magnifique et puissant talent à l'apologie religieuse.
Pendant ce temps, M. Sainte-Beuve employait
toutes les ressources de son ingénieux esprit à établir, suivant cette parole déjà citée, qu'il « s'était
prêté et ne s'était jamais donné » aux hommes,
aux partis et aux croyances ; sa philosophie paraissait se borner à répéter et à commenter ce qu'il
écrivait déjà, il y a près de vingt ans, et ce qu'il est
attristant de rappeler auprès d'une tombe à peine
fermée : « Je suis arrivé dans la vie à l'indifférence
complète. Que m'importe, pourvu que je fasse
quelque chose le matin et que je sois quelque part
le soir ? »

III

Le Comte de Montalembert. (1)

Le 19 Novembre 1833, M. de Montalembert, alors âgé de vingt-trois ans, arrivait à Marbourg, petite ville de la Hesse électorale. Il s'y arrêtait pour visiter une belle église gothique dédiée à sainte Elisabeth, lieu de pèlerinage, autrefois célèbre dans toute l'Allemagne. C'était précisément le jour où l'Eglise célèbre la fête de la sainte. Dans la cathédrale, devenue luthérienne comme toute la contrée, aucune marque de solennité. Le voyageur parcourut les grandes nefs désertes et dévastées. Il considéra les statues mutilées, les peintures à demi effacées, les autels souillés de poussière, la châsse vide des pieuses reliques qu'un descendant d'Elisabeth en avait arrachées pour les jeter au vent.

Devant ce grand oubli, il sentit l'indignation et l'amour envahir son âme, il voulut se faire le serviteur de cette gloire autrefois si pure et si brillante, aujourd'hui si délaissée ; il baisa la pierre creusée par les générations fidèles; et il se prêta à lui-même le serment de venger cette mémoire. Il se mit à l'œuvre et bientôt il put élever à l'honneur de « sa chère sainte » ce charmant et touchant monument qu'on appelle la *Vie de Sainte-Elisabeth*.

(1) Cet article fut publié dans le *Français* du 15 mars 1870, le lendemain de la mort de M. de Montalembert.

Ce trait de la jeunesse de M. de Montalembert est comme le symbole de sa vie entière ; il nous livre le secret de cette âme chevaleresque. Que de clientes abandonnées et méconnues dont il a pris en main la cause comme il avait fait de la sainte reine de Hongrie ! Mais la grande cliente, la grande délaissée, celle pour laquelle il a lutté et souffert, quelquefois triomphant, souvent vaincu, toujours fidèle, aimant, vaillant. c'est l'Eglise.

Il semble qu'on le voie au début de sa vie publique, en 1830, chercher autour de lui quelle est la cause la plus abaissée, la plus impopulaire. Le catholicisme lui apparaît alors opprimé ou compromis, les prêtres insultés, les églises dévastées ou désertes, les croix renversées ; il sent s'éveiller dans son âme les sentiments que la désolation de l'église de Marbourg lui inspirera pour sainte Elisabeth ; et il se fait le chevalier de l'Eglise, précisément parce que la foule et les puissants l'abandonnent et la méprisent.

« S'il nous eût été donné de vivre au temps où Jésus vint sur la terre, écrivait-il dans l'*Avenir* à vingt ans, et de ne le voir qu'un moment, nous eussions choisi celui où il marchait couronné d'épines et tombant de fatigue vers le calvaire ; de même nous remercions Dieu de ce qu'il a placé le court instant de notre vie mortelle à une époque où sa sainte religion est tombée dans le malheur et l'abaissement, afin que nous puissions lui sacrifier plus complètement notre existence, l'aimer plus tendrement, l'adorer de plus près. Nous ramassons avec amour les débris de sa croix pour leur jurer un culte éternel. On l'a brisée sur nos temples, mais nous la mettrons dans le sanctuaire de nos cœurs; et là nous ne l'oublierons jamais. » Quinze ans plus tard, il s'écriait à la Chambre des pairs :

« Si l'on me demandait à quelle occasion se sont ancrées dans mon âme ces convictions que je viens exprimer devant vous avec une hardiesse légitime, mais inaccoutumée, je dirais que ce fut en ce jour où, il y a quatorze ans, je vis la croix arrachée du fronton des églises de Paris, traînée dans les rues, et précipitée dans la Seine aux applaudissements d'une foule égarée. Cette croix profanée, je la ramassai dans mon cœur et je jurai de la servir et de la défendre. Ce que je me suis dit alors, je l'ai fait depuis, et, s'il plaît à Dieu, je le ferai toujours ».

Le sentiment que M. de Montalembert éprouvait pour l'Eglise était d'une nature toute particulière. Il l'aimait comme ces anciens chevaliers auxquels on l'a justement comparé aimaient leur dame. Il n'était pas l'homme des abstractions ou des collectivités. Ni doctrinaire, ni humanitaire, plus passionné que raisonnant, il incarnait ses idées un peu à la façon de ces esprits du moyen âge qui voyaient la vertu sous la douce figure d'une sainte préférée et le mal sous le masque odieux du diable de nos vieilles cathédrales. Comme il l'a dit admirablement en pleine Assemblée républicaine, l'Eglise était une femme et une mère pour lui, une femme opprimée, une mère qu'on insultait. Il se sentait poussé à la défendre autant par le sentiment de l'honneur que par celui de la foi et de la piété. Il l'aimait d'amour; il haïssait de haine ceux

qui la persécutaient et surtout ceux qui la déshonoraient. Cette préoccupation constante de l'honneur
explique sa vie et ses luttes ; elle révèle le secret
de ses joies et de ses colères ; c'est elle qui a donné
à sa parole un accent qui lui est propre, à sa vie
un lustre incomparable et comme un reflet de
l'éclat d'un autre âge.

Cet homme, tout animé des nobles sentiments
d'autrefois, ce « fils des croisés », avait en même
temps une merveilleuse intelligence du siècle présent. Du premier coup, il vit qu'en France et au
xixᵉ siècle il n'y avait qu'une manière de relever et
d'honorer l'Eglise : la liberté ; et au lendemain de
la Restauration, à l'heure où presque tous les catholiques et tout le clergé en étaient encore à l'alliance
du trône et de l'autel, digne émule d'O'Connell et
des patriotes belges, il proclama l'alliance du catholicisme et de la liberté.

Il aimait d'ailleurs la liberté par tempérament,
un peu comme les barons du xiᵉ siècle aimaient
leur indépendance. « La liberté, s'écriait-il dans la
Chambre des pairs, je peux le dire sans phrase, elle
a été l'idole de mon âme. » Il portait dans cet
amour le caractère propre de sa nature. Il n'avait
pas été conduit à aimer la liberté par les mêmes
sentiments qu'un Washington. Il y voyait avant
tout la sauvegarde et l'arme de l'honneur. Et si
un jour il sembla en douter, c'est que la liberté lui
était apparue déshonorée par la démagogie. Obscurité passagère que ce même sens de l'honneur dissipa promptement en lui montrant les abaissements de la dictature.

Défendre l'Eglise par la liberté, et la liberté au

nom de l'Eglise, tel était donc le glorieux dessein qu'il se proposait à vingt ans.

Il devait rencontrer deux sortes d'adversaires. D'abord ceux qui refusaient à l'Eglise sa liberté. Tous ont senti ses rudes coups, ministres de la Monarchie de Juillet, démocrates autoritaires, agents de l'Empire dictatorial. Il les poursuivait au delà de nos frontières, en Prusse comme en Pologne, en Espagne comme en Italie, qu'ils s'appelassent lord Palmerston ou M. de Cavour.

Ensuite, et c'était là le côté le plus douloureux de la lutte, il rencontrait ceux qui, au nom de l'Eglise, repoussaient ou trahissaient la liberté, demeurants du Gallicanisme monarchique de la Restauration, catholiques césariens du Second Empire.

Cette double lutte remplit sa vie. Il s'y donna tout entier. Soldat vaillant plus que stratégiste habile, il faisait la guerre à la façon du Moyen Age, se jetant au plus fort de la mêlée, plein de témérités heureuses, avec un élan que l'âge ni la souffrance ne purent jamais ralentir, et une fierté qui ne redoutait pas l'isolement ni la défaite. Selon ce mot de Vauvenargues que lui-même aimait à rappeler, « le combat lui plaisait sans la victoire ; » et cependant il apportait dans la lutte, une fois engagée, cette confiance chaleureuse sans laquelle on ne vainc pas. Parfois son vieux sang semblait se révolter de ne pas combattre sur un autre champ de bataille. « Je n'ai pour arme qu'une triste plume, écrivait-il dans l'introduction de ses *Moines d'occident*, et je suis le premier de mon sang qui n'ait guerroyé qu'avec la plume ; mais qu'au moins elle serve avec honneur, qu'elle devienne un glaive à son tour, dans la rude et sainte lutte de la conscience, de la majesté désarmée du droit, contre la triomphante oppression du mensonge et du mal ».

L'espace nous manque pour raconter ces luttes glorieuses. Elles trouveront quelque jour, nous l'espérons, leur historien. C'est d'abord l'époque héroïque, les brillantes et parfois téméraires campagnes de l'*Avenir*, le procès de l'*Ecole libre*, « jours à la fois heureux et tristes, disait Lacordaire, jours comme on n'en voit qu'une seule fois dans sa vie ». Jours pleins de vie, de fièvre même dont le souvenir éveillait jusqu'aux derniers temps dans l'âme de M. de Montalembert, des souvenirs attendris et des accents enflammés.

La chute malheureuse de Lamennais interrompit le combat pour plusieurs années. M. de Montalembert le reprit plus tard, en engageant la grande campagne de la liberté d'enseignement. Il avait peu d'appuis dans le monde officiel : mais il avait tous les catholiques avec lui, unis, comme ils ne l'ont jamais été depuis, dans la revendication et dans l'amour de la liberté. Epoque d'espérance et bientôt de triomphe où il put saluer l'aurore radieuse du pontificat de Pie IX, entraîner la France républicaine au secours du Pape expulsé, et conquérir enfin cette liberté d'enseignement pour laquelle il avait combattu pendant vingt ans.

Alors vint le temps d'épreuve et de déception que Dieu, dans le mystère douloureux de sa miséricorde, n'épargne jamais à ses grands serviteurs, comme s'il voulait leur assurer la gloire d'en haut, en ne leur permettant pas de goûter sans mélange d'amertume de celle d'ici-bas. M. de Montalembert, comme O'Connell, devait finir sa vie dans des jours d'obscurité et d'angoisse, peut-être même en désespérant des causes qu'il avait servies et que Dieu ne veut sans doute faire triompher qu'après sa mort, comme il n'a fait luire la pleine justice sur l'Irlande qu'après la mort d'O'Connell. M. de Montalembert vit succomber cette liberté politique qu'il avait tant aimée. Il vit, ce qui lui était encore plus sensible, son armée se dissoudre et le plus grand nombre des catholiques déserter le drapeau de la liberté vaincue. Il était atteint dans le sentiment qui lui était le plus cher, le sentiment de l'honneur; c'était l'honneur de l'Eglise cet honneur qu'il avait tant aimé, tant défendu, qui lui paraissait souillé par ces défaillances et ces palinodies. Ceux qui ont pu trouver parfois ses plaintes trop amères et ses colères trop véhémentes n'ont qu'à se demander ce qu'aurait éprouvé un chevalier en voyant sa bannière traînée dans la boue, un fils en voyant ses frères déshonorer leur mère. Pourront-ils alors être sévères pour cette irritabilité de l'honneur?

Quant à lui, toujours debout et toujours fidèle, en même temps qu'il flétrissait les déserteurs, il était au premier rang dans les luttes pour la liberté religieuse, et nul, dans les crises récentes, n'a plus fait que lui et son illustre ami, l'évêque d'Orléans, pour défendre contre les convoitises de l'Italie et les faiblesses complaisantes du gouvernement français l'indépendance du Souverain-Pontife.

Il eut, avant de mourir, la consolation de voir

rentrer en France cette liberté politique qu'il avait tant aimée, consolation bien insuffisante à l'heure où la secte religieuse qu'il combattait depuis dix-huit ans, et qu'il haïssait d'une haine si vigoureuse, était plus audacieuse que jamais et, prétendait s'imposer à l'Eglise elle-même. L'angoisse fut même si vive qu'elle lui arracha un cri de douleur et de colère. Mais c'était la colère de l'amour. Quelques ennemis de l'Eglise ont voulu s'y tromper ; ils ne connaissaient pas l'âme de Montalembert, âme fière, mais fidèle, capable de toute indépendance parce qu'elle était incapable de toute trahison, se permettant sans scrupule toutes les franchises, nous dirions presque toutes les audaces, parce qu'elle ne soupçonnait même pas la possibilité d'une révolte ou d'une défection.

Telle fut l'unité de cette vie où l'homme a souvent changé d'adversaires, jamais de drapeau.

Est-ce à dire qu'il ne se soit jamais trompé ? Lui moins que tout autre l'aurait prétendu. Il était même dans la nature de cette âme ardente de se tromper facilement, de souvent oublier la mesure et de dépasser le but. Mais ses erreurs étaient toujours généreuses et parfois fécondes. Ame droite qui ne connaissait pas les aveuglements intéressés ou volontaires, âme héroïque qui savait revenir en arrière au prix des plus cruels déchirements. Aux esprits froids et quelque peu subalternes qui ignorent les grandes impulsions et les essors audacieux, il est facile de ne pas s'égarer. Combien sont préférables les natures riches, emportées même, débordant de vie et de mouvement, surtout quand elles savent aussi bien s'arrêter que s'élancer, quand, à l'indépendance qui brise les liens de la routine et ouvre les voies nouvelles, elles joignent une indépendance plus rare, l'indépendance vis-à-vis des petites passions, vis-à-vis d'elles-mêmes et de leurs propres entraînements!

M. de Montalembert raconte quelque part qu'il ne pouvait regarder sans émotion, sur le porche septentrional de la cathédrale de Chartres, quatorze statues couronnées, figures de reines et de saintes, représentant les vertus et les béatitudes que la religion propose aux efforts et aux sacrifices de l'homme. Les deux premières qui se montrent au spectateur, nobles et gracieuses entre toutes, portent leurs noms profondément gravés sur la pierre, en beaux caractères du xiiie siècle. Ce sont : *Libertas* et *Honos*. « J'ose croire, dit M. de Montalembert, que j'y ai conformé ma vie. » Oui, la Liberté et l'Honneur, placées comme deux saintes et deux reines à la porte de l'église, pour l'ouvrir, la garder et l'embellir, c'est bien sa devise.

Que de leçons dans cette vie pour notre génération sans chaleur, sans élan, sans illusions, pareille à ces hommes dont la jeunesse malheureuse n'a pas aimé! M. de Montalembert reprochait souvent à cette génération de manquer de flamme et de hardiesse. Il l'aimait cependant; il savait qu'elle souffrait plus encore par la faute des événements que par la sienne propre. Aimons-le à notre tour. Chérissons et gardons sa mémoire. Tâchons, avant que la pierre du tombeau ne se referme sur lui, de recueillir quelque chose de ses grandes qualités. Sans doute, il ne s'agit pas de le copier servilement. A d'autres temps, il faut d'autres armes et d'autres combats. L'heure n'est plus de recommencer les campagnes de l'*Avenir* ou de ressusciter le parti catholique de 1844. Il faut aujourd'hui que les catholiques entrés dans la place par le courage heureux de M. de Montalembert, tout en demeurant unis par la foi, se répandent partout, prennent rang dans tous les grands partis politiques, au lieu de demeurer groupés sous un drapeau exclusif. Il faut surtout qu'ils sachent pratiquer et aimer la démocratie plus que n'a dû le faire M. de Montalembert. Mais puissent-ils apporter dans cette œuvre nouvelle quelque chose de sa vaillance et de sa fidélité. Puissent ils surtout garder comme lui l'amour de la Liberté et le culte de l Honneur ! (1)

(1) Peu de mois avant sa mort, M. Thureau-Dangin, en honorant d'une préface la brochure de M. Victor Bucaille sur la jeunesse de Montalembert, rendait au tribun catholique un nouvel hommage. *Note de l'éditeur.*

IV

Pie IX (1).

Vendredi 15 février 1878.

C'est aujourd'hui que Paris, agissant vraiment au nom de la France entière, rend solennellement les honneurs suprêmes à la mémoire de Pie IX, et, qu'en couvrant de draperies noires les murs de sa vieille basilique, trop étroite pour contenir les grands corps de l'Etat, les députations, les prêtres, les fidèles qui s'y pressent, il porte en quelque sorte le deuil du Pontife qui a tant aimé la France. N'est-ce pas dès lors le moment de nous arrêter une dernière fois devant cette douce et grande figure, de la considérer non avec un cœur moins ému, mais avec un esprit plus libre que nous n'avons pu le faire à la nouvelle si soudaine de cette mort ? Il convient d'oublier, pendant un jour, les incidents

(1) Cet article parut en brochure avec la note préliminaire que voici : « *Un grand nombre de nos amis nous ont demandé de reproduire en brochure l'article que nous avons publié le 15 février dernier, jour du service célébré à Notre-Dame de Paris pour le repos de l'âme de Sa Sainteté Pie IX. Nous avons cru devoir répondre à ce désir sans nous dissimuler ce qu'un travail aussi précipité a de nécessairement incomplet.* Paul Thureau-Dangin, François Beslay ».

qui nous pressent de toutes parts, du dedans et du dehors, apportant aux regrets les plus vifs, aux plus profondes douleurs, leurs impérieuses et parfois tragiques distractions. Si près des événements et dans la précipitation d'un éloge funèbre, on ne saurait avoir ni la prétention de devancer l'histoire, ni le souci d'être complet ; mais usant, cette fois sans scrupule, de cette liberté de l'éloge et de l'admiration que les âmes un peu fières sentent plus entière en face d'un mort que d'un vivant, nous nous bornerons à recueillir nos souvenirs et nos impressions en face de ce tombeau, devant lequel tous se découvrent avec respect, et au pied duquel le monde chrétien s'agenouille, pleure et prie.

I

Les grandes vies ont toujours été marquées par les grands contrastes. Mais où en trouver un plus saisissant que celui que nous présentent le début et la fin du pontificat de Pie IX ? D'une part cette aurore si radieuse, si pleine de joie et d'espérance ; de l'autre, ce couchant majestueux, au milieu de tant de nuages rouges et sombres, suite ou présage de redoutables tempêtes.

Il est dans l'histoire des époques heureuses où tout est amour, espoir et foi, où l'humanité croit tenir la solution des problèmes qui pesaient sur elle et toucher à la réalisation de ses rêves les plus ambitieux ; époques bien courtes et trop souvent suivies de cruelles déceptions, mais qui, malgré tout, laissent chez ceux qui y ont vécu une impression à la fois charmante et ineffaçable. Notre génération, durement partagée, n'a connu aucune de ces époques ; la dernière de ce siècle a été le début du règne de Pie IX. Parmi ceux qui nous ont précédés et qui avaient âge d'homme en ces années, en est-il un qui ne se souvienne de l'effet produit quand, en 1846, — à un Pontife fatigué, découragé, se sentant trop vieux et trop faible pour changer lui-même sa politique à la fois un peu inerte et rigoureuse, — on vit, par un choix assez imprévu pour être manifestement d'inspiration supérieure, succéder un pape jeune, généreux, d'une sincérité scrupuleuse, ouvert à toutes les sympathies humaines : abordant l'œuvre de réforme avec la libéralité la plus confiante, même avec une sorte de candeur, périlleuse peut-être, mais singulièrement touchante jusque dans les tâtonnements ou les témérités inconscientes de son inexpérience ; accordant l'amnistie, *il perdono*, et offrant, avec un langage qui tenait plus d'un père que d'un souverain, « la paix du cœur », *pace di cuore*, à une jeunesse qu'il croyait avoir été « plus séduite que séductrice » ; opérant *motu proprio* les changements les plus désirés : administration laïque, conseil d'Etat en partie électif, autonomie municipale, et bientôt même allant, hélas ! jusqu'à instituer à Rome cette garde nationale qu'on considérait alors comme une des premières garanties de la liberté publique ; prévoyant d'ailleurs, au delà des limites étroites de son Etat, le contre-coup de sa conduite sur la situation de l'Eglise dans le monde moderne, et se faisant dire par le cardinal Altieri, lors de l'inauguration des travaux de la consulte : « Dès l'origine de son pontificat, Votre

« Sainteté a entrepris de concilier les progrès de la
« civilisation du siècle avec les principes éternels
« de la religion catholique ; alliance admirable,
« qui d'un côté assure à l'Eglise une plus grande
« indépendance et prépare de nouveaux triomphes
« à la foi, de l'autre apporte aux peuples la force
« et le salut ».

A Rome, le nouveau Pape vivait au milieu d'ovations continuelles, comme seuls les Italiens savent
les faire. Il ne pouvait sortir sans être entouré
d'une foule ivre d'enthousiasme et d'amour qui lui
criait : *Coraggio, Santo Padre, Viva il padre del
popolo !* et qui se précipitait à ses pieds en implo-
rant sa bénédiction. Tantôt des jeunes gens déte-
laient ses chevaux pour le traîner, tantôt sa voiture
était couverte de fleurs. Les affiches annonçant
les décrets de clémence et de réforme apparaissaient le matin encadrées de guirlandes de feuil-
lage. Puis venaient ce que, dans la langue du pays,
on appelait les *dimostrazioni in piazza :* d'immenses
processions traversaient la ville, drapeaux en tête,
chantant l'hymne de Pie IX ; sur leur passage, les
fenêtres se pavoisaient, les mouchoirs s'agitaient ;
quelquefois, le jour étant tombé, la scène était
éclairée par les torches des manifestants et par les
illuminations des maisons. Arrivé sur la grande
place du Quirinal, on demandait le Pape, qui
s'avançait sur le balcon ; alors, levant les bras, de
cette voix incomparable qui à elle seule eût suffi à
ravir les Romains, il bénissait la foule agenouillée,
à la lueur fantastique de feux de Bengale subitement allumés. Un soir, déjà deux fois le Pape avait
dû se montrer. Survient une troisième bande, par-

tie d'un point plus éloigné. Il faisait nuit pleine. Le Pape était rentré dans ses appartements et toutes les fenêtres du palais étaient fermées. Contrairement à l'étiquette, qui ne veut point que les Papes se laissent voir à pareille heure, Pie IX consentirait-il à paraître une fois encore au balcon ? L'anxiété était grande dans la foule. « Tout à coup — écrit un témoin oculaire, M. Rossi, alors ambassadeur de France à Rome — les applaudissements redoublent ; je n'en comprenais pas la raison, lorsque quelqu'un me fit remarquer la lumière qui perçait à travers les persiennes, à l'extrémité de la façade du palais pontifical. Le peuple avait compris que le Saint-Père traversait l'appartement pour se rendre au balcon. Bientôt, en effet, le balcon s'entr'ouvrit, et le Saint-Père, en robe blanche et mantelet rouge, apparut au milieu des flambeaux. Représentez-vous une place magnifique, une nuit d'été, le ciel de Rome, un peuple immense, ému de reconnaissance, pleurant de joie et recevant avec amour et respect la bénédiction de son pasteur et de son prince, et vous ne serez pas étonné si je vous dis que nous avons partagé l'émotion générale et placé ce spectacle au-dessus de tout ce que Rome nous avait offert jusqu'ici. Aussitôt que la fenêtre s'est fermée, la foule s'est écoulée paisiblement dans un parfait silence. On aurait dit un peuple de muets : c'était un peuple satisfait. » Ainsi s'écoulèrent quinze mois d'allégresse et d'émotion. A peine quelques clairvoyants pensaient-ils avec inquiétude au lendemain, et commençaient-ils, surtout vers la fin de 1847, à discerner, dans les manifestations mêmes de cet enthousiasme, des symptômes suspects ; seuls les familiers les plus intimes du Saint-Père l'entendaient parfois se dire à lui-même : « C'est la fête des Rameaux, elle précède la Passion. »

Le contre-coup s'était aussitôt fait sentir dans la Péninsule entière. Le signal des réformes, donné par le Pape, était suivi, de gré ou de force, par les autres princes. Aussi, de Turin à Palerme, on n'entendait qu'un cri : *Evviva Pio nono !* Il n'était pas de chaumière, d'auberge, de café, où ne fût accroché le portrait du nouveau Pontife, à la place même où s'étale aujourd'hui celui de Garibaldi. « En Italie, disait alors M. Thiers à la tribune « française, dans une nuit, depuis les montagnes « de la Ligurie jusqu'à celles de la Calabre, les « Apennins se sont trouvés tout à coup illuminés. « Qu'est-ce qui a produit ce singulier phénomène? « Ce qui l'a produit, c'est l'espérance. Oui, mes- « sieurs, l'Italie espère aujourd'hui... Un saint Pon- « tife, qui joint à la piété d'un prêtre les lumières « d'un prince éclairé, a formé ce projet si noble de « conjurer les révolutions en accordant aux peuples « la satisfaction de leurs justes besoins. C'est une « œuvre admirable !... » Et l'orateur terminait en poussant, en pleine Chambre des députés, le cri des rues de Rome : « Courage, Saint-Père ! »

Ces paroles de M. Thiers montrent que l'enthousiasme avait franchi les Alpes. Dans cette France qui se vantait naguère d'être la fille de Voltaire, entre ces partis divers, tous engagés, précisément à cette heure, dans une lutte contre les catholiques et le clergé, il y avait une sorte d'émulation dans l'admiration qu'inspirait le Pape. Ce que l'opposition reprochait au gouvernement, c'était de ne pas exprimer avec assez de chaleur cette admiration. Les catholiques, qui après 1830 avaient presque été des parias dans la société politique, jouissaient, étonnés et ravis, de cette popularité à laquelle ils n'étaient plus accoutumés. Les espérances les plus généreuses, parfois même chimériques, germaient dans cette fermentation universelle. Il semblait à ceux qui poursuivaient la tâche si ardue, et toujours si nécessaire, de ramener la société moderne à l'Eglise, que subitement tous les malentendus, tous les préjugés, toutes les haines avaient disparu ; qu'une sorte de nouveau Concordat s'était conclu entre le Pape et les peuples, que le second schisme d'Occident, qui depuis le xviiie siècle avait séparé de la papauté une partie considérable des nations catholiques, avait pris fin par l'initiative du Pontife, et que la démocratie purifiée allait se faire sacrer à Saint-Pierre, comme jadis, en la personne de Charlemagne, la barbarie baptisée. Rome était redevenue, ainsi qu'aux âges de foi, le centre du mouvement des esprits. Partout c'était un long applaudissement, qui se prolongeait jusque chez les protestants et les infidèles. En Angleterre, lord John Russell louait publiquement Pie IX. Pour la première fois, un président des Etats-Unis rendait hommage au Pape dans son message. Il n'était pas jusqu'au sultan qui envoyait un ambassadeur porter son tribut d'admiration au nouveau Salomon. Qui donc eût alors songé à contredire Montalembert, quand il s'écriait à la tribune de la Chambre des pairs, que le pape était « devenu l'idole de l'Europe ? »

II

Trente ans sont passés, et voici de nouveau le Vatican. Quel changement ! Le triomphateur de 1847 n'est plus qu'un vieillard détrôné, moralement prisonnier dans un palais qui seul lui reste de tous ses Etats. La ville qui l'avait acclamé est la capitale de son spoliateur. Sur ce balcon du Quirinal, d'où le Pontife avait béni les foules enthousiastes, le nouveau roi d'Italie se montre à ces mêmes foules ; et, à côté de lui, celui qui tient dans ses bras le jeune enfant de ce roi et le présente aux applaudissements populaires, est le fils d'un autre ennemi de l'Eglise, l'empereur d'Allemagne. Dans cette Europe dont Pie IX, nous disait-on, avait été « l'idole », tous les gouvernements sont contre lui ou sont impuissants à le défendre ; l'opinion qui domine dans les parlements et qui inspire les journaux, le dénigre, l'insulte ou l'oublie. De quelque côté qu'il tourne ses regards, il voit l'Eglise opprimée ou menacée, la persécution flagrante en Allemagne, en Suisse, en Russie, en Italie, et sous ses yeux, à Rome même, les institutions séculaires de l'univers catholique confisquées ou détruites. Jamais, entre la démocratie moderne et la Papauté, cet abîme, qu'on croyait comblé en 1847, n'a été plus profond et en apparence plus infranchissable.

Cependant, dans cette ruine et dans cet abandon universel, le Pape demeure, et le monde chrétien a le droit de répéter, peut-être avec plus de motifs encore, le cri qu'il avait poussé en 1848 : *Habemus Papam.* Jamais Pie IX n'a été plus tendrement vénéré, plus fidèlement obéi, plus passionnément aimé ; jamais il n'a plus gouverné l'Eglise, n'a été plus maître des consciences. A l'Orient comme à l'Occident, tous les besoins des cœurs, les périls des âmes, les erreurs des intelligences sont présents à la pensée de ce reclus. Il agit ; quand il ne peut agir, il parle ; il parle à ces députations, à ces pèlerins, à ces visiteurs divers, accourus de tous les coins de l'horizon, poussés par un amour dont ce siècle d'égoïsme sceptique ne s'attendait certes pas à être le témoin ; et sa parole est une action à laquelle cette presse même, qui, par d'autres côtés, semblait si funeste à l'Eglise, donne un retentissement et une efficacité dont les Papes d'autrefois n'eussent pu avoir l'idée. C'est alors en effet que Pie IX, voulant éviter que, par sa réclusion, la Papauté ne fût en quelque sorte absente du monde, inaugure, avec une hardiesse de nouveauté qui n'a peut-être pas été assez remarquée, la série de ces allocutions improvisées pour lesquelles il était merveilleusement doué. Sa parole, pleine d'à-propos gracieux ou sublimes, familière ou pathétique, spirituelle et profonde, affable et par moments redoutable, toujours originale, souvent éloquente, charme, saisit, parfois transporte son auditoire, lui arrache des acclamations ou des larmes. Et cet auditoire, n'est-ce pas l'univers catholique tout entier ? Spectacle vraiment extraordinaire, que celui d'un souverain trouvant son principal moyen de gouvernement dans des discours où, devant les premiers venus, il aborde de front, sans préparation, tous les sujets ; où il dit, presque chaque jour, sur les hommes et les choses, sur les événements et les doctrines, le fond de sa pensée ! Pendant ce temps, on enseigne aux princes temporels que pour eux l'habileté suprême est de se taire, et, quand ils parlent, de parler pour ne rien dire, où même pour cacher leur pensée. Ne serait-ce pas l'objet d'une comparaison instructive ? N'y a-t-il pas là particulièrement de quoi faire réfléchir ceux qui se piquent d'aimer la libre parole et qui voient, dans son action souveraine, le dernier mot du progrès politique ? Ne seront-ils pas amenés à se demander s'ils ne sont point dépassés par celui qu'ils étaient peut-être tentés de dédaigner comme le représentant d'un principe rétrograde ?

Si le Pape parle, c'est le plus souvent pour protester. Il est de ceux qui font cet honneur à notre temps, de croire qu'il n'y est pas encore absolument vain de protester contre la force. On a pu lui enlever toutes ses ressources matérielles ; on n'a pu le contraindre à céder aucun de ses droits. « L'Eglise, — disait un jour à la face des démagogues un des champions les plus éloquents du « catholicisme, — l'Eglise a des ressources infinies « pour la résistance. Elle a, dans un vieux livre « appelé les *Actes des apôtres*, un vieux texte, *non « possumus*, qui a été inventé par un vieux Pape « appelé saint Pierre. Avec ce mot-là, je vous jure « qu'elle vous conduira jusqu'à la fin des siècles « sans céder ». Pie IX s'est chargé d'accomplir la menace, ou plutôt la promesse de Montalembert. Partout où le droit de l'Eglise est violé, que le théâtre de la violence soit lointain ou proche, quelle que soit la puissance du persécuteur, qu'il s'agisse du prince qui règne aux portes de son palais et semble le tenir à sa merci, ou de ce redoutable chancelier d'Allemagne devant lequel tremble toute l'Europe, ou bien encore, hier même, du tsar devenu vainqueur à son tour, le Pape résiste et proteste, sans provocation inutile, mais sans une heure de défaillance, sans une velléité de concession. « Les princes ne sont guère contents « de moi, — disait-il un jour, — quand je leur « rappelle leurs devoirs, et plus d'un m'a traité de « révolutionnaire. Mais j'ai le droit de parler aux « princes comme je le fais. J'en ai le droit, plus que « Nathan de parler à David, plus que saint Am-« broise de parler à Théodose, et je n'en use que « pour le bien des princes et de la société. » Il semble même, par un résultat sans doute peu prévu de ceux qui ont criminellement spolié le Pape, que la perte de son pouvoir temporel, en l'élevant au-dessus des régions où règnent les com promis de la diplomatie, donne à sa parole apos-tolique une liberté plus absolue, nous oserions presque ajouter un plus fier sans-gêne. Compensation bien insuffisante, avons-nous besoin de le dire ? car tout dépend alors du caractère de l'homme qui occupe le Saint-Siège ; et, avec d'autres que Pie IX, ne peut-on supposer des cas où l'on aurait à craindre aussi bien le défaut de mesure que le défaut de courage ?

Sans doute Pie IX n'aime pas la lutte pour la lutte ; il en souffre ; il souffre surtout des atten-tats qui la rendent nécessaire. Mais son courage n'en est pas abattu : « On dit que je suis fatigué, « lisons-nous dans une de ses allocutions. Oui,

« fatigué du spectacle de tant de perversité, de
« tant d'injustices et de tant de désordres. Je
« suis fatigué de voir l'innocent persécuté, de
« voir les serviteurs du sanctuaire poursuivis
« injustement, de voir profaner tout ce qui
« doit être l'objet de notre vénération. Je suis
« fatigué de tout cela. Et cependant je ne suis pas
« disposé à déposer les armes, ni à m'abaisser à
« conclure un pacte quelconque avec l'iniquité.
« Jusqu'au bout, je saurai remplir mon devoir. »
Aussi, peu de temps avant sa mort, a-t-il le droit
de dire, avec son doux sourire, à un général aussi
âgé que lui : « Nous pouvons être fiers ; nous ne
« nous sommes pas trop mal battus. »

Et en quel temps trouvons-nous au Vatican le
modèle et la leçon d'une telle fermeté et d'une telle
constance ? En un temps où tout est variation,
incertitude et capitulation ; où les intelligences,
comme déracinées par tant de tourmentes, errent
au gré de tous les vents ; où nulle part, pas plus
chez les individus que dans les sociétés, chez les
peuples que dans les gouvernements, on ne trouve
une volonté stable et sûre d'elle ; où nous voyons,
à cette heure même, les plus vieilles monarchies,
comme les nations les plus orgueilleuses de leur
longue expérience politique, révéler au monde
l'impuissance de leur incertitude et l'humiliation
de leur timidité. Ne semble-t-il pas que la volonté
se soit retirée et concentrée en ce vieillard, qui
seul sait ce qu'il veut et ce qu'il ne veut pas, ose le
dire, et, après l'avoir dit, ne recule pas ? Eh
quoi ! était-ce donc une qualité naturelle chez
Pie IX ? Non, et voici qui devient plus extraordi-

naire encore. C'est le même homme qui, au début de son pontificat, avait paru plus désireux de plaire que de résister, de se faire aimer que de se faire craindre, dont l'âme tendre s'était montrée facile à subir les impressions du dehors, à s'incliner sous les souffles de l'opinion, dont l'intelligence était généreuse, mais un peu hésitante, et avouant même ses tâtonnements avec candeur. Ce n'était donc pas en lui qu'il avait trouvé cette force si surprenante, mais dans la cause qu'il défendait, nous dirions volontiers dans la place qu'il occupait. C'était un don du Dieu dont il était le serviteur et le représentant.

Qui oserait dire maintenant que le successeur de Grégoire XVI apparaît moins grand dans les épreuves de ses derniers jours que dans les enchantements radieux de 1846 et de 1847 ? Et n'est-ce pas le cas ou jamais de répéter la parole de Bossuet sur « ce je ne sais quoi d'achevé que le malheur ajoute à la vertu ? » Les indifférents et les ennemis eux-mêmes l'éprouvent aujourd'hui. Tous les regards sont dirigés vers le tombeau de ce vaincu, comme ils l'étaient, il y a trente ans, sur les triomphants débuts de son pontificat. Dans le public, ce n'est plus l'enthousiasme un peu frivole des premières années ; c'est un respect plus sérieux, plus vrai, par cela même que chez beaucoup il est plus involontaire. Jamais le nom de Pie IX n'en a davantage imposé au monde. Chacun a le sentiment, quelquefois peu distinct, qu'il est en face de quelque chose de grand. Si cette foule était capable de raisonner et de comprendre l'impression qu'elle ressent d'instinct, elle en trouverait l'explication dans cette parole d'un vieux Père de l'Eglise : *Magnitudo ubi ipsa veritas est.*

III

Que s'était-il donc produit entre les joies de ce début et les amertumes de cette fin ? Par quelle voie douloureuse le vicaire de Jésus-Christ avait-il été, à l'instar de son maître, conduit des hosannah de la fête des Rameaux au crucifiement du Calvaire ? Ces événements ont été trop étroitement mêlés aux vicissitudes de l'Europe et surtout de la France, pour que personne les ignore, et pour qu'il y ait lieu d'en retracer ici les détails. Qui donc a oublié comment le mouvement de réforme, dont Pie IX avait donné le signal en 1847, a été perverti par l'esprit révolutionnaire ; comment, à ce que M. de Falloux a pu appeler « la conspiration des ovations », a succédé, dans l'ébranlement causé par les événements de février 1848, la conspiration de l'émeute et de l'assassinat ; comment, obligé de s'enfuir de Rome et de se réfugier à Gaëte, le Souverain-Pontife n'est rentré dans sa capitale qu'après que le canon français en avait abattu les portes ? Hélas ! il ne pouvait plus alors être question de la conciliation généreuse rêvée naguère. Une fois encore, la révolution avait fait échouer l'œuvre de la liberté. Action malfaisante que nous devions voir souvent se reproduire ! Aussi, l'un de ceux qui avaient le plus espéré et qui s'étaient le plus réjouis au début, M. de Montalembert, — qu'on est toujours amené à citer quand on raconte l'histoire religieuse de ce temps, — pouvait-il s'écrier, avec une trop légitime et bien

éloquente amertume, à la tribune de l'Assemblée
législative : « Voyez ce qui se passait en Europe il
« y a trois ans. La liberté étendait partout graduel-
« lement son empire... Le pape lui-même, le sym-
« bole le plus auguste et le plus ancien de l'auto-
« rité sur la terre, avait cru pouvoir demander à
« la liberté, à la démocratie, au progrès, à l'esprit
« moderne, un rayon de plus pour sa tiare. Eh
« bien ! que s'est-il passé ? Vous avez arrêté tout
« cela, vous avez tout bouleversé, tout détruit...
« Nous avons reçu un effroyable démenti. L'épreuve
« a tourné, non pas contre nous, non pas contre
« Pie IX, mais contre la liberté. C'est pour cela
« que je voudrais tenir ici, devant moi, tous ces
« démagogues, tous ces perturbateurs dont je par-
« lais tout à l'heure, et je voudrais leur dire
« une bonne fois la vérité. Je leur dirais :
« Savez-vous quel est devant le monde le plus
« grand de tous vos crimes ? Ce n'est pas seule-
« ment le sang innocent que vous avez versé, quoi-
« qu'il crie vengeance au Ciel contre vous ; ce n'est
« pas seulement d'avoir semé à pleines mains la
« ruine dans l'Europe entière, quoique ce soit le
« plus redoutable argument contre vos doctrines.
« Non ! C'est d'avoir désenchanté le monde de la
« liberté ! »

Alors, usant de leur perfidie accoutumée, les
révolutionnaires, et, avec eux, leurs complices
masqués ou leurs complaisants se mirent à
reprocher à Pie IX de ne plus tenter ce qu'eux-
mêmes avaient rendu impossible. Une nouvelle
et plus redoutable campagne fut entreprise contre
la Papauté. Par quel moyens et avec quel suc-

cès, on le sait ; ce sont les événements d'hier : la question romaine solennellement posée en 1856, au congrès de Paris, par l'ambition de Cavour, qu'appuyaient haineusement lord Palmerston et sournoisement Napoléon III ; les intrigues souterraines du Piémont ; l'ébranlement qui se produit en Italie, à la suite de la guerre de 1859 ; les perfidies diplomatiques et les violences brutales par lesquelles le domaine pontifical est successivement mutilé, jusqu'au jour, où dans le trouble de l'Europe et dans l'impuissance de la France vaincue, l'armée italienne envahit Rome de vive force. Nous savons d'autant mieux cette triste histoire, que la part du gouvernement impérial, en cela applaudi et soutenu par tous les faux libéraux, n'y a été, hélas ! que trop grande. Toutefois, n'oublions pas que c'est aussi de France que sont parties les plus retentissantes protestations ; c'est à notre tête que Mgr Dupanloup, Mgr Pie et tous leurs collègues de l'épiscopat, c'est dans nos rangs que MM. de Montalembert, Cochin, de Falloux, de Broglie, de Corcelle et tant d'autres ont élevé des voix qui ont été la consolation de la conscience outragée, du patriotisme trahi ; et, bien qu'ils ne partageassent pas leur foi, il est juste de leur associer, comme l'a fait Pie IX, M. Guizot et M. Thiers. N'est-ce pas de France, enfin, que venaient presque tous ces vaillants jeunes hommes qui, à la suite de Lamoricière, de Pimodan et de Charette sont allés offrir et plusieurs donner leur vie au Pontife menacé ? Ces efforts et ces sacrifices pourront-ils compenser devant l'histoire la responsabilité que fait peser sur notre pays le crime de son gouvernement et de sa démocratie ? Il semble du moins que cette compensation ait été acceptée par l'âme généreuse de Pie IX. Jusqu'à la fin, il a continué à aimer d'un amour particulièrement tendre la nation qui lui avait tendu la main en 1849. Comme il l'a montré à cette heure du désastre où s'éprouvent les amitiés ! Pendant que ceux pour lesquels nous avions versé à flots notre sang dans les plaines de Magenta et sur les coteaux de Solférino, plus encore, pour lesquels nous avions sacrifié tous les intérêts de notre politique traditionnelle, s'empressaient dans le cortège de notre vainqueur, seul en Europe, Pie IX élevait la voix en notre faveur. Et, dans les derniers temps de sa vie, ne l'a-t-on pas entendu s'écrier, avec des larmes dans la voix : « Pauvre France ! J'aime la France. Son souvenir est toujours imprimé dans mon cœur. Je prie tous les jours pour elle... Je l'ai toujours aimée et je l'aimerai toujours ».

Mais la magnanimité de la victime peut-elle suffire à rassurer notre conscience ? Et d'ailleurs ne semble-t-il pas que les événements aient été dirigés par une main vengeresse pour nous faire sentir cruellement le poids de la responsabilité qu'avait assumée notre gouvernement d'alors ? Dieu n'a pas voulu que l'attentat commis contre le représentant, matériellement le plus faible, moralement le plus élevé, du droit dans le monde, fût un de ces coups de main vulgaires, une de ces violences passagères, auxquels les nations assistent avec plus ou moins de dégoût ou d'indifférence, mais après lesquels les choses reprennent tant bien que mal leur marche régulière. Le Pape n'a pu être spolié sans que, par le même coup, tout le droit public européen ait été ébranlé, faussé, détruit. A la lueur des événements qui ont suivi, cette vérité, d'abord contestée, est apparue manifeste : l'exposer est presque tomber dans un lieu commun. Nul ne saurait nier désormais que Sadowa et Sedan n'aient été la conséquence naturelle et fatale de Castelfidardo. C'était le corollaire des mêmes sophismes, l'application des mêmes procédés. Et si aujourd'hui la Russie, à son tour, suit la voie que lui ont enseignée M. Cavour et M. de Bismarck ; si les puissances menacées dans leurs intérêts les plus chers, dans leur existence même, s'agitent éperdues et impuissantes ; si l'Europe, troublée en ses fondements, se sent à la merci du plus fort et du plus audacieux ; si le vieux monde, naguère si orgueilleux de sa civilisation savante, semble reculer jusqu'à la barbarie de nature ; si l'on ne peut plus y parler d'ère de paix, de sécurité et de stabilité, sans provoquer des sourires et se faire traiter de rêveur chimérique, — où est le point de départ de cet effroyable désordre, chaque jour grandissant ? Il est à l'heure où le droit a été violé en la personne de Pie IX. Quelle leçon ! et comme il apparaît que rien de ce qui nous vient de la Papauté, bienfaits ou châtiments, ne peut être médiocre ! Cette leçon, du moins, ne commence-t-elle pas à être comprise en France ? Qui oserait aujourd'hui, parmi nous, vanter la prétendue politique des nationalités ? Ceux-là même qui naguère applaudissaient le plus bruyamment à ce qu'ils appelaient en Italie le droit nouveau, ne les entendons-nous pas maintenant gémir sur la diplomatie révolutionnaire, sur cet « esprit d'usurpation et de conquête » qui, pour être masqué, ne leur paraît, à juste titre, ni moins odieux, ni moins menaçant ? Ne sont-ils pas désormais les plus ardents à élever un appel désespéré aux vieilles traditions du concert européen et du respect des traités ? Mais le mal est plus lent à réparer qu'à commettre. Et l'on se demande avec angoisse s'il ne doit pas cette fois être consommé jusqu'au bout, et si tous ceux qui ont pris part à l'attentat ne doivent pas, comme nous, être frappés chacun à leur tour, Dieu seul sait au prix de quelles ruines et de quels bouleversements !

IV

Dans ces troubles de la politique européenne, Pie IX n'était pas seulement le défenseur du Saint-Siège, il était le Pape, le successeur de Pierre, servant la vérité en même temps qu'il combattait pour la justice. C'est dans l'exil de Gaëte, au milieu du plus grave embarras des affaires politiques, que Pie IX prit les mesures qui devaient aboutir à la définition et à la promulgation du dogme de l'Immaculée-Conception. Le pontificat de Pie IX a été grand d'abord parce que Pie IX a été un fidèle serviteur de Jésus-Christ et qu'en ce siècle, nul apôtre n'a travaillé mieux que lui à faire connaître aux hommes de tous les pays la vérité chrétienne. Les conquêtes de Pie IX sont plus admirables peut-être encore que ses résistances. Pendant qu'il défendait l'Église là où elle était attaquée, il étendait partout son empire. On cherche un point du nouveau monde et de l'ancien qui ait échappé au regard de cet évêque vraiment universel. Est-ce l'Amérique, la vieille Asie, l'Afrique, ou cette Océanie que la vapeur et l'électricité rapprochent chaque jour davantage de nous et du centre de l'Église ? Des îles autrefois perdues sont abordées par des missionnaires qui ont reçu à Rome la bénédiction pontificale avant de venir mourir sur ces plages inhospitalières ; la messe est dite au milieu de populations hier encore anthropophages. Seraient-ce l'Australie, la Nouvelle-Zélande ? Le catholicisme y a remporté depuis vingt ans des victoires qui compenseraient toutes les pertes qu'il a pu subir en Europe ! Est-ce le Japon ? Quand Pie IX prit le gouvernement de l'Église, les missionnaires catholiques tentaient en vain, depuis trente ans, la conquête de ce grand empire. On savait que la vérité chrétienne, semée par saint-François-Xavier au XVI⁰ siècle, avait laissé là des racines, et que la doctrine de Jésus-Christ était mystérieusement conservée par plus de quatre mille familles. Mais les supplices multipliaient les martyrs, et l'accès du pays était fermé aux missions. Pie IX s'obstina. Un vicariat apostolique fut institué ; avant que le traité de 1858 ouvrît les portes du Japon, elles avaient été depuis dix ans forcées par les envoyés du Pape, et la foi de ces chrétiens retrouvés était telle que quatre mille habitants de la ville d'Ourakani préférèrent, en 1866, une persécution cruelle et parfois sanglante à l'apostasie. Il fallait de nouvelles recrues à ces missions lointaines et périlleuses. Pie IX convoque à Rome ses frères les évêques, et le 8 juin 1862, en présence de trois cents cardinaux, archevêques et évêques, de quatre mille prêtres et de cent mille étrangers venus de tous les points de la vieille Europe, sont canonisés vingt-six martyrs massacrés au Japon en 1597. Étrange, mais efficace appel au dévouement et à la foi ! Est-ce l'Équateur, où le disciple préféré du Père Lacordaire, Garcia Moreno, applique au gouvernement de la République des règles indiquées par Pie IX lui-même ? Est-ce le Dahomey, le Bengale, ou le rivage des océans polaires ? Partout un immense effort de patience et de hardiesse est tenté par des héros qui sont des saints. Sur tous les points du monde, des milliers de prêtres versent leur sueur et leur sang pour obéir à ce maître qui, là-bas, au fond de sa chambrette du Vatican, suit sur la carte la route qu'il leur a tracée. Pie IX est le véritable chef de ces entreprises de la civilisation. Partout son conseil parvient et son ordre est écouté au milieu des prières ; de partout arrivent au Vatican des présents et des hommages, et la Propagande transmet à l'univers tout entier les leçons et les bénédictions de Pie IX. Ces conquêtes du christianisme sont si grandes que, dans les Églises séparées de Rome, dans l'Église anglicane, dans l'Église évangélique de Prusse comme dans l'Église grecque, les âmes droites et les esprits libres honorent dans ce Pape dont ils méconnaissent l'autorité, un bon ouvrier du christianisme et de la civilisation.

Grand apôtre, Pie IX a été un chef éminent de l'Église. Gagner tous les hommes à l'Evangile et tous les chrétiens au catholicisme, ce furent les deux constants efforts de sa vie. On rapporte que, chaque jour de son long pontificat, Pie IX a prié tout spécialement pour le retour à l'unité romaine des communautés séparées. Il priait avec confiance ; il agissait avec hardiesse. Que de voix s'élevèrent, il y a vingt-huit ans, contre le rétablissement en Angleterre des évêchés détruits au XVIᵉ siècle ! Combien des conseillers de Pie IX ne lui dirent-ils pas que la haine du papisme, *no popery*, étoufferait les voix de Wiseman et de Newman ! Pie IX écouta, pesa toutes les raisons, consulta toutes les congrégations. puis tout à coup il se décida : la Hiérarchie catholique fut rétablie en Angleterre ; il y eut un archevêque de Westminster, et les couvents poussèrent de toutes parts autour des cathédrales relevées. L'audace de Pie IX avait eu raison. En 1870, pendant quatre mois, le cabinet présidé par lord Palmerston n'a cessé d'offrir à Pie IX l'hospitalité britannique ; au lendemain de la prise de Rome, un des grands navires de la marine anglaise croisait en vue de Civita-Vecchia, prêt à porter le chef de l'Eglise romaine et les membres du Sacré-Collège sur tel point de l'empire britannique où il leur eût convenu de chercher un refuge. L'autre jour. encore c'est dans le Parlement anglais que la liberté du Conclave a été d'abord réclamée et promise.

Aux Etats-Unis la hiérarchie catholique n'était pas à rétablir ; elle était à créer. En 1868 au moment où certains libéraux de l'ancien monde trouvaient que le Pape gênait la liberté de l'Europe, Pie IX, répondant au vœu du Concile de Baltimore, fondait aux Etats-Unis huit diocèses et quatre vicariats ; cinq ans après, l'archevêque d

New-York, Mgr Mac Closkey, était nommé cardinal ; le Saint-Siège exauçait un vœu formé longtemps avec Lincoln, et que n'avait pas voulu accueillir d'abord la diplomatie un peu routinière du cardinal Antonelli. Pendant qu'à Rome, au couvent de l'*Umiltà,* le séminaire américain élève autour de la statue de Washington, dont Pie IX a voulu fournir le marbre, une génération de prêtres instruits, les descendants des pélerins de Plymouth franchissent chaque jour plus nombreux le seuil des églises catholiques ; il y a en Amérique huit millions de catholiques romains ; il n'y en avait pas quatre millions en 1846. Si Pie IX eût vécu quelques semaines de plus, il aurait eu la joie d'achever en Ecosse l'œuvre commencée dans la vieille et dans la nouvelle Angleterre ; mais il laisse tout préparé le rétablissement de la hiérarchie catholique dans la patrie de Knox.

Heureux avec les nations anglo-saxonnes, Pie IX l'a été moins dans sa tentative pour ramener à l'unité romaine l'Eglise évangélique de Prusse, l'Eglise grecque de Russie ; mais est-il certain que l'avenir ne garde pas à Pie IX là aussi une prochaine récompense ? Lui qui aimait à répéter que la « persécution était la santé de l'Eglise », il comptait sur les épreuves pour relever la foi. Et comme il a soutenu partout la fermeté des évêques, faisant parvenir sur les routes de la Sibérie ou dans les prisons de l'Allemagne les encouragements et les bénédictions ! Comme il prenait partout avec promptitude et éclat le parti des clergés opprimés contre les gouvernements persécuteurs ! Quelle suite de protestations parties du Vatican ont forcé l'Europe à admirer chez les catholiques polonais et chez les uniates du diocèse de Chelm un héroïsme digne des premiers temps de l'Eglise !

La part de Pie IX n'a pas été moindre dans le gouvernement spirituel des nations catholiques. Nous n'avons point compétence pour parler ici de l'action qu'a eue Pie IX sur le développement de la science théologique et sur le progrès des études religieuses. La définition du dogme de l'Immaculée-Conception, les Encycliques, si nombreuses sur tant de questions diverses, les décrets du Concile du Vatican sur la Foi et sur l'autorité du Pape ont une importance que des écrivains politiques n'ont pas à exposer. Mais ce qui frappe tous les esprits, c'est, au milieu d'un siècle troublé et divisé, le spectacle des évêques sur tant de points de doctrine et de discipline, de droit canonique et de liturgie, unis au pape et serrés autour de lui. Aucun évêque n'a résisté à l'autorité du chef, qui croissait avec les périls. Devant l'alliance du vieux Joséphisme et de la démagogie révolutionnaire, Pie IX a jugé nécessaire de hâter, dans l'ordre dogmatique, la solution de grandes questions non définies depuis des siècles ; il a accru le sentiment du surnaturel dans des sociétés inclinées à l'adoration de la matière, parlé du droit à des nations étourdies par les coups de la force, augmenté la vénération des dogmes dans des âmes portées à ne respecter rien, et posé, sur les rapports des sociétés humaines avec la société divine, des règles plus fermes ; sans supprimer jamais là discussion préalable, il a obtenu toujours la soumission définitive. Pie IX pensait que plus les nations sont disposées à mettre partout aux voix la décision de leurs affaires temporelles, plus il fallait maintenir dans une position stable les vérités de l'Eglise. Avec quelle force il a dénoncé, sans relâche et à tant de reprises, ceux qui, sous prétexte de délivrer la raison, voulaient la détruire par l'oppression du matérialisme, et, dans l'ordre politique, ceux qui, faux démocrates et faux libéraux, sous prétexte d'affranchir l'Etat et l'Eglise, travaillaient à leur ruine séparée ! Pie IX, voyant de haut et de loin, se gardait de prendre parti dans les luttes politiques des différents Etats et de juger leurs constitutions, mais il frappait l'erreur partout où il croyait la reconnaître ; il frappait alors, sans merci, non les hommes, mais les doctrines. Plusieurs trouvèrent quelquefois, comme l'apôtre, que la parole du maître était dure. Entre l'Eglise et les ennemis de l'Eglise, Pie IX creusait un fossé si profond que c'était parfois à donner le vertige. Oui, mais les ennemis ne le passèrent pas, et tous les catholiques restèrent sur le bord où était le Pape. Pie IX, qui voulait la paix dans les esprits, y voulait aussi le mouvement. Il voulait des écoles, des universités, beaucoup de science, beaucoup d'études, beaucoup de lumière ; il voulait des synodes et des Conciles. N'est-ce pas lui qui a rouvert au Vatican, après trois siècles, ces délibérations de l'Eglise romaine, suspendues depuis le Concile de Trente ?

Comment assurer après lui le progrès de cette œuvre de conservation et de réforme ? Pie IX n'a pris aucun de ces moyens extraordinaires qu'imaginaient ceux à qui la sage ordonnance de l'Eglise est inconnue ; il s'appliqua à composer le Sacré-Collège d'hommes vertueux, sages, éclairés, expérimentés qui n'eussent ni l'esprit de contention, ni l'esprit d'intrigue, qui connussent la société civile et eussent fait longtemps les affaires de l'Eglise. C'était préparer et choisir son successeur, sans toucher aux vieilles règles. On raconte que le chancelier de l'empire d'Allemagne, s'entretenant en 1871 avec l'ambassadeur d'une grande puissance de l'éventualité du Conclave, disait : « Il faut obtenir qu'on nomme Pape un « cardinal qui ne soit pas infaillibiliste. » On devine ce que M. de Bismark entendait par là. « En connaissez-vous un ? » reprit l'ambassadeur. Le chancelier fit, dit-on, un geste de dépit, et il ne répondit rien.

V

Pour ce double ministère temporel et spirituel, Dieu avait vraiment doué Pie IX d'aptitudes extraordinaires. La bonté, la grandeur d'âme, le courage, la loyauté, l'affabilité paraissaient en lui si naturels que l'on ne pouvait distinguer où commençait l'action de la grâce et où s'arrêtait celle de la nature. Il s'est formé, sur la suite de cette existence si longue, toute une légende variée, charmante, avec mille traits brillants, et cette légende est moins vraie encore que l'histoire. Les souvenirs de tous ceux qui ont connu Pie IX s'accordent. Nulle vie ne s'est écoulée plus au grand jour et devant plus de témoins. Nulle n'a fourni au respect et à l'admiration plus de motifs. Le peuple de Rome appelait Pie IX *l'uomo della carità*, et imposa ce surnom aimable à celui qui ne permit jamais à la flatterie de lui donner le nom de Grand. Nul plus que lui n'aimait à donner et à pardonner. La libéralité et la clémence étaient ses deux faiblesses. En 1847, le Sacré-Collège, consulté sur l'amnistie, y était contraire. Des objections furent élevées. Pie IX crut les avoir réfutées ; il demanda le vote ; les quelques boules blanches des cardinaux qui approuvaient la mesure étaient cachées par les boules noires des cardinaux qui y étaient contraires. On raconte que Pie IX, d'un geste rapide, ôta sa calotte blanche, en couvrit les boules noires et dit en souriant : « Voyez, elles sont toutes blanches. » En 1832, alors que Pie IX n'était encore que Mgr Mastaï, archevêque de Spolète, un agent de police romaine vint lui montrer avec orgueil une liste de personnages suspects de conspiration : il allait envoyer la pièce à Rome. L'évêque lut d'un œil consterné la nomenclature ; il sentait qu'il était père et ne voulait pas être juge. On était en hiver, le foyer brûlait. Après avoir terminé sa lecture, l'archevêque regardant l'agent avec un sourire de satisfaction : « Mon pauvre enfant, lui dit-il, vous n'entendez rien à votre métier. Quand le loup veut dévorer les moutons, il ne vient pas prévenir le berger. » En même temps il jeta au feu la pièce accusatrice.

Implacable contre les erreurs, Pie IX était plein de tendresse et d'affectueuse compassion pour les hommes qui les professaient. Parlant des ennemis de l'Eglise, il répétait à chaque instant dans ses entretiens: « Que Dieu ait pitié d'eux, ils ne savent ce qu'ils font, » et encore : « Les pauvres égarés ! la plupart d'entre eux sont entraînés comme malgré eux dans cette malheureuse voie. Ils sont plus à plaindre qu'à condamner. » M. de Corcelle a écrit quelque part : « Il m'a été donné, en 1848 et en 1849, d'apporter à Pie IX les consolations de la France. La première fois, c'était bien peu de jours après l'assassinat de son ministre et le siège meurtrier du Quirinal. Jamais, au milieu des plus sanglantes fureurs, je n'ai surpris dans cette âme si tendre une émotion qui ne fût pas celle d'un père affligé, sans la moindre amertume à l'égard de ses cruels ennemis, rappelant continuellement par son langage le dernier mot de Pie VI, *ignosce eis*, confiant dans la croix, pénétré de la divine responsabilité de son héritage, attentif à préserver l'indépendance de l'Eglise, et avec elle la pleine liberté des peuples, mais conciliant dans tous les égards qui s'accordaient avec cette invincible fermeté ; la modération même pour toutes les mesures propres à calmer les esprits prévenus ou craintifs, bien plus porté à augmenter ses propres difficultés qu'à refuser ce qui pourrait en épargner aux divers Etats. » Tel M. de Corcelle avait connu Pie IX en 1848 et en 1849, tel il le retrouva en 1871 quand, une troisième fois, il fut notre ambassadeur à Rome. Tout en Pie IX, le choix des mots, l'action, l'expression du visage, témoignait une mansuétude extrême. Il était plein d'abandon avec les pauvres et accueillait avec une belle humeur toujours radieuse les enfants. Quand, après le siège de Rome, il visita les soldats français, il les enchanta par sa bonté, comme ils le charmèrent par l'expression naïve, ignorante, irrégulière, mais touchante de leur reconnaissance.

Dans un hôpital, au lit d'un malade, ou recevant un des grands de ce monde, il était toujours aussi affable. Après l'audience qu'il accorda au prince et à la princesse de Galles, un diplomate appelait Pie IX « le grand séducteur »; le mot était vrai, à la condition que le seul artifice de la séduction fût ici la simplicité d'un cœur très-grand et très-tendre. On vit, par la canonisation de Benoît-Joseph Labre, de Germaine Cousin, combien Pie IX tenait à honneur la pauvreté; il ne voulait pour lui d'aucun luxe, d'aucun « confort », d'aucune dépense inutile. En 1846, il avait fait vendre la moitié des chevaux qui formaient l'écurie pontificale. Très-sobre, il s'asseyait à une table servie frugalement; quatre francs de notre monnaie suffisaient à sa dépense de chaque jour. A ceux qui lui faisaient remarquer que cette rigueur était extrême: « Je suis, disait-il, un pauvre prêtre de Jésus-Christ, et je dois vivre comme un pauvre prêtre. » Levé en chaque saison dès cinq heures et demie, Pie IX n'accordait au repos que le temps qu'il ne pouvait consacrer au travail.

Pie IX apportait tous ses soins à la conduite des grandes congrégations. Laborieux par vertu, doué d'un jugement prompt et lucide, il se rendait compte des questions si diverses que soulève l'administration spirituelle du monde catholique. A chacune des congrégations il semblait qu'il se donnât tout entier; il lisait soigneusement les rapports de la congrégation des ordres religieux, de celle des rites, de la propagation de la Foi. Ce grand établissement de la Propagande, où travaillent des prêtres pieux et savants, venus là de tous les points du monde, avait trouvé près de Pie IX non seulement une protection active, mais les conseils d'une direction à la fois prudente et très hardie. Par l'observation scrupuleuse d'un règlement de vie sévère, Pie IX suffisait à tout, à la manière calme et posée des Italiens; il n'aimait pas la hâte française, la *furia francese*. Ayant du loisir pour les moindres affaires de l'Église, Pie IX n'en avait ni pour lui-même ni pour les siens. Le népotisme a été inconnu à la cour du Pape sous tout le règne de Pie IX. Un de ses neveux servait dans l'armée pontificale. « On m'a rapporté, » lui dit une fois le Pape, « que tu espères un avancement de faveur. Tu te trompes; tu es mon neveu, mais tes camarades sont mes fils; tu passeras à ton tour. » Un jour le comte Gabriel Mastaï écrit à Pie IX, son frère, pour lui recommander le porteur d'une requête qui demande une pension mensuelle de huit scudi. Pie IX prend une plume et, en souriant, il remet au solliciteur un mandat mensuel de dix scudi... sur la cassette particulière du comte Mastaï de Sinigaglia.

Ce dernier trait indique bien un des caractères de Pie IX; un certain enjouement aimable, un mélange de finesse affectueuse, de malicieuse bonhomie et de grâce italienne, l'allégresse sereine d'une conscience bien pure, d'une âme pleine des promesses radieuses d'en haut, de la gravité, mais une gravité aisément souriante, souvent attendrie, une

majesté douce, enfin tout ce qui peut gagner les
cœurs et assurer à la vertu l'empire des âmes.
Bossuet, parlant de la « douceur évangélique »
d'un grand saint, disait qu'il fallait non seulement
« contempler son visage, » mais « aller chercher
jusque dans son cœur la source de cette douceur
attirante qui, ayant rempli le dedans, répand ensuite sur l'extérieur une grâce simple et sans fard,
et un air de cordialité tempérée ; » il louait en ce
saint « la charité qui porte avec soi la patience
pour endurer les défauts, la compassion pour les
plaindre, la condescendance pour les guérir. »
Ne peut-on pas appliquer à Pie IX ce que Bossuet
disait de saint François de Sales ? Il y a eu entre
eux, à deux siècles de distance, une singulière
ressemblance ; le dernier acte de Pie IX a été d'honorer l'évêque de Genève comme un des docteurs
de l'Église. Il semble que ce grand saint ait été le
modèle préféré de ce grand Pape.

De cette vie si pleine de contrastes, de triomphes
et d'épreuves, de ce pontificat si fécond en œuvres
religieuses, de ce pontife si aimable et si grand, que
nous reste-t-il ? Un souvenir, et un souvenir sur lequel nous avons à peine le loisir de nous arrêter,
tant les périls qui menacent l'Eglise sollicitent de
tous côtés notre attention et alarment notre prévo-
yance. Que de problèmes, que de difficultés, que de
dangers pour le Saint-Siège, en face du royaume d'I-
talie, maître de Rome, de tous ces gouvernements
ennemis, indifférents ou impuissants, de l'Europe
troublée, divisée, et peut-être à la veille d'une guerre
générale ; en face de cette immense conspiration de la
révolution, du matérialisme et de l'impiété, contre

le principe d'autorité, la vérité spiritualiste, la foi chrétienne, et contre leur personnification la plus haute, le Pape !

Dans cette redoutable crise, une pensée est propre surtout à augmenter notre tristesse : celle de l'impossibilité où est la France de remplir, à l'égard de la papauté, cette mission de protection qui est l'une des plus vieilles et des plus nobles traditions de sa politique nationale ; d'exercer ce patronage de la « clientèle catholique » que M. Thiers revendiquait en 1865, avec des arguments d'un patriotisme si lumineux, et dont M. Gambetta lui-même, onze ans plus tard, dans un de ses intervalles lucides et placides a semblé entrevoir l'intérêt et la grandeur. A vrai dire nous en sommes plus humiliés pour la France qu'inquiets pour l'Eglise. Celle-ci a les promesses éternelles, dont l'efficacité est apparue telle dans l'histoire qu'elle a frappé tous les esprits qui savent regarder d'un peu haut et d'un peu loin. Aussi, pour terminer ce tableau, trop souvent as sombri, par une pensée plus rassurante et plus confiante, n'est-il pas besoin de recourir au témoignage d'un catholique ; il suffit d'invoquer celui du plus illustre des protestants. A une heure où déjà la Papauté était menacée par les mêmes ennemis qu'aujourd'hui, M. Guizot disait, dans un magnifique langage, à la Chambre des pairs : « Je sais bien que « les révolutionnaires sont arrogants ; je sais bien « qu'ils font bon marché de la religion, du catholi- « cisme, de la Papauté ; qu'ils se figurent qu'ils « enlèveront tout cela comme en un torrent. Ils l'ont « essayé plus d'une fois ; ils ont cru qu'ils avaient « emporté ces vieilles grandeurs de la société hu-

« maine; elles ont reparu derrière eux; elles ont re-
« paru plus grandes qu'eux. Ce qui a surmonté le
« pouvoir de la Révolution française et de Napo-
« léon surmontera bien les fantaisies de la jeune
« Italie! »

V

La première année du Pontificat de Léon XIII

Il y a un an, à pareil jour, une légère fumée, s'échappant d'une des cheminées du Vatican, révélait qu'en moins de trois jours, le Conclave avait fini son œuvre ; quelques instants plus tard le premier Cardinal-Diacre, du balcon extérieur de Saint-Pierre, annonçait que Mgr Pecci devenait Léon XIII, et aussitôt le télégraphe portait la grande nouvelle à tous les coins du monde chrétien. En dépit des événements qui depuis lors nous ont distraits et absorbés, qui ne se rappelle l'émotion de cette journée et de celles qui l'avaient précédée : le deuil des catholiques à la mort d'un pontife qui avait été peut-être le plus aimé des papes, l'anxiété des âmes au spectacle d'un conclave réuni dans des conditions si redoutables, de ces quelques vieillards rassemblés dans une ville où régnaient leurs ennemis, en face d'une Europe où pas un gouvernement ne semblait avoir la volonté ou le pouvoir de les protéger, n'ayant pour eux que la force morale de leur droit, l'appui de l'opinion chrétienne et l'assistance de Dieu ; la prévision effrayée des difficultés, des obstacles, des périls qui se dresseraient devant le Pontife nouveau ; — et puis aussitôt, comme par une

(1) Journal *Le Français* du 21 février 1879).

illumination subite, l'impression unanime de satisfaction confiante, d'admiration pour les institutions de l'Eglise, de pieuse reconnaissance envers son divin protecteur, quand on sut que tout s'était passé avec tant de dignité, de sagesse et de promptitude, et surtout quand on connut sur quel nom s'étaient portés les suffrages des cardinaux !

Un an écoulé, qui oserait dire aujourd'hui que cette espérance a été trompée ? Léon XIII n'a-t-il pas été le grand et sage pontife que nous attendions : imposant à tous le respect par la dignité et la simplicité de ses vertus, par la hauteur sereine de son intelligence ; ne cherchant pas les coups d'éclat, parlant rarement et prudemment, agissant avec discrétion et maturité, mais donnant néanmoins à tous le sentiment d'une résolution ferme, sûre d'elle-même, sans hésitation sur son but, témoignant de la plus invincible des volontés, celle qui se revêt de douceur et de patience ; politique consommé, héritier de ces grandes traditions de la cour romaine, où l'on n'a jamais trouvé que « l'habileté » fût un défaut, ayant du reste appris à connaître en Belgique et ailleurs la société et les institutions modernes ; enfin, pasteur embrassant tous les fidèles croyants et soumis, sans distinction d'écoles et de nuances, dans un même amour paternel, leur donnant, par une sorte de leçon singulièrement éloquente, bien que presque silencieuse, — leçon qui se dégage de toute sa conduite, — les conseils de la concorde, de la charité, de la paix entre les catholiques, et ayant commencé déjà ainsi à décourager bien des provocations, à éteindre bien des polémiques, à atténuer bien des dissentiments, à dissiper bien des malentendus.

Cette paix qu'il veut entre tous les catholiques, il la désire entre l'Eglise et tous les gouvernements. Au moment où il montait sur le siège de St-Pierre, la persécution était partout flagrante, en Allemagne, en Russie, en Suisse, en Italie. C'est ce moment que Léon XIII choisit pour offrir la paix au monde ; il l'a offerte avec une douceur qui révélait l'amour des âmes, l'intelligence des idées de son temps et la compassion pour ses souffrances ; avec une fermeté qui ne laissait rien sacrifier des droits essentiels de l'Eglise, avec une dignité qui, sans blesser personne, lui assurait le beau rôle dans ce colloque, ne disant pas aux pouvoirs civils : « Je souffre, venez à mon secours » ; leur disant au contraire : « Vous périssez, acceptez la seule aide qui puisse vous sauver, celle de la religion ». Que sortira-t-il de ces nobles tentatives ? Nous ne prétendons pas le préjuger. Mais un résultat est déjà acquis : le Saint-Siège s'est placé sur le bon terrain ; une grande lumière s'est faite dans toutes les âmes de bonne foi ; les indifférents eux-mêmes ont été saisis ; les hostiles ont dû s'incliner, impuissants à calomnier cette attitude ; les gouvernements ont été contraints d'y rendre hommage ; et en admettant que la conclusion se fasse encore attendre, position est prise pour le jour où le changement de certains hommes et le revirement des événements auront fait disparaître les derniers obstacles,

Quant à nous, catholiques français, en face d'un parti vainqueur qui prend pour mot d'ordre un cri de haine sauvage contre le clergé, il nous convient de pouvoir montrer à notre tête ce pontife répondant aux clameurs de guerre par une parole de paix, demandant seulement la liberté et la justice qu'on ne peut légitimement lui refuser, et offrant en revanche le remède souverain contre tous les maux dont nous souffrons, dont nous mourons. A la veille de la lutte redoutable qu'il va falloir soutenir contre la persécution ouverte ou masquée, lutte où nous devrons défendre une cause éternelle avec les armes de notre temps, il nous plaît de pouvoir nous appuyer sur un pontife si ferme dans la revendication des vérités absolues et permanentes, si sage dans l'intelligence des nécessités contingentes et des convenances passagères : sous sa direction, avec ses conseils et son appui, nous sommes assurés d'éviter à la fois toute défaillance, toute imprudence ; après de plus ou moins longues vicissitudes, le succès nous est assuré.

Voilà pourquoi, même au milieu des tristesses de l'heure présente, nous célébrons avec bonheur et confiance ce premier anniversaire du 20 février. L'histoire est certes féconde en contrastes. Quelle différence entre la première année du pontificat de Léon XIII et les débuts de Pie IX. Rien aujourd'hui ne rappelle la popularité enivrante, les ovations attendries et enthousiastes dont était environné le pontife si généreusement, si audacieusement réformateur de 1847, alors que Montalembert pouvait s'écrier à la tribune de la Chambre des pairs que le Pape était devenu « l'idole de l'Europe ». Oui, mais derrière ces applaudissements, que de manœuvres ! Que de trahisons, que de menaces, que de sujets d'inquiétude pour les observateurs qui dès lors avaient su garder leur sang-froid, qui savaient que le bien véritable et durable ne se faisait pas au milieu de tant de fracas, de trouble, d'illusions et de soubresauts, qui voyaient le Pape entraîné par les événements au lieu de les conduire, et auxquels l'histoire enseignait que les mouvements trop précipités préparaient d'inévitables réactions ! Aujourd'hui les rêves sont moins brillants, les esprits plus calmes, plus froids, plus mélancoliques même, les illusions moins surexcitées. Mais on se sent sur un terrain plus solide. On comprend que les événements sont dirigés et dominés par une intelligence douce et forte, par une volonté réfléchie, persévérante, éclairée, qui ne se laissera ni détourner de son but par les applaudissements ni intimider par les menaces, ni lasser par les retards, ni décourager par les difficultés, ni irriter par les injustices. Et on rend grâce à Dieu de cette fécondité surnaturelle de son Eglise qui, après avoir montré au monde, il y a trente ans, ce qu'était la générosité d'un Pie IX, lui fait admirer aujourd'hui la sagesse d'un Léon XIII.

VI

Un journaliste catholique : François Beslay (1)

Dans notre désolation, dans l'accablement du coup qui nous a frappés, nous eussions préféré nous taire. Les douleurs profondes ont comme une pudeur qui leur fait rechercher la retraite et le silence. Mais ce ne serait pas remplir tout notre devoir envers celui que nous pleurons. Si la liberté d'esprit nous manque pour parler à présent, avec l'étendue qui conviendrait, de cette vie si pleine et si pure dans sa brièveté, tout au moins devons-nous, devant cette tombe à peine fermée, rendre témoignage de ce qu'a été François Beslay, de ce qu'il a fait. Nous le devons d'autant plus que lui-même s'est modestement caché et, pour ainsi dire, volontairement diminué. Tout en faisant beaucoup, en faisant plus que les autres, il mettait à rester dans l'ombre le soin que, d'ordinaire, les hommes de lettres apportent à se pousser en pleine lumière, toujours empressé à se charger des besognes ingrates, lourdes, anonymes, de celles qui pouvaient être à la fois les plus utiles à l'œuvre commune et les moins profitables à son amour-propre. Singulier et rare journaliste, en vérité, qui

(1) Journal *Le Français* du 20 juillet 1883.

n'a jamais recherché nous ne dirons pas la satisfaction d'une ambition, mais seulement la réputation de son nom. Ce n'était sans doute point par goût naturel : il n'ignorait pas sa valeur, et sa vive imagination eût été facilement séduite par le succès et la gloire. C'était un parti pris de vertu chrétienne, un sacrifice librement et héroïquement recherché, comme pour racheter des fautes qui n'étaient pas les siennes ; noble et religieux mystère dont, même après la mort, nous voulons respecter le secret.

Il nous appartient cependant aujourd'hui, à nous qui avons été témoin des travaux de notre ami, de lui rendre l'honneur auquel, vivant, il s'est dérobé. C'est lui qui a fondé le *Français*, et le *Français* en est fier : c'est lui surtout qui, pendant quinze ans, à travers tant d'événements, de secousses, de difficultés, a été la vie du journal, son esprit, son âme ; affrontant les dangers avec courage, évitant les écueils avec adresse, ayant cette marque des vrais vaillants de n'être jamais plus en train, plus gai qu'au jour du péril ; dépensant sans compter son talent, son cœur et aussi, hélas ! sa santé ; car c'est vraiment des fatigues essuyées, des épreuves subies, des blessures reçues dans cette lutte, plus meurtrière que beaucoup d'autres, qu'il est mort. Déjà, peu après la fondation du *Français*, l'épuisement de ses forces l'avait obligé, une première fois, à s'arrêter. Mais les natures généreuses se refusent à comprendre ou du moins à suivre de pareils avertissements, et à peine guéri, il s'était redonné plus complètement que jamais à son œuvre. Ce n'est que vaincu absolument par le mal

et sur l'ordre exprès des médecins qu'il a consenti,
il y a un an, à se laisser arracher à son poste. De
lui surtout on peut dire qu'il s'est dévoué et a combattu *usque ad mortem.*

Peu d'écrivains ont été mieux doués que François Beslay. Déjà, avant de se faire journaliste,
quand il donnait le principal de sa vie à sa profession d'avocat, il avait trouvé le temps de publier
dans des revues ou ailleurs des travaux divers,
tous justement remarqués, études littéraires ou
économiques, biographies, nouvelles ; il avait fait
paraître le premier volume d'un savant traité de
droit commercial ; il avait été lauréat de l'Académie pour un lexique de Corneille, témoignant
ainsi déjà de la variété d'aptitudes, de l'ouverture
d'esprit, de la fécondité d'imagination, de la promptitude d'assimilation qui n'étaient pas les dons les
moins extraordinaires de cette intelligence. De
telles qualités le préparaient à être un incomparable journaliste, rapide, abondant, prêt aux travaux les plus différents ; un jour, il dissertait avec
une gravité éloquente sur la politique, ou se montrait polémiste plein de ressources et de traits,
sans jamais dépasser la mesure ; le lendemain, il
critiquait un livre en lettré supérieur qu'il était,
ou traitait des questions religieuses avec une doctrine sûre, une tendre piété et un tact exquis qui
le faisait comprendre et goûter même des non
croyants ; il abordait comme en se jouant les
spécialités les plus diverses, parlant par exemple
des choses militaires avec une compétence improvisée qui nous faisait demander curieusement par
un général éminent le nom de l'officier si distingué

devenu notre collaborateur ; ou bien parfois il
s'ébattait dans la fantaisie, esquissait du crayon le
plus fin les physionomies des personnages en vue,
enlevait une chronique avec une prestesse de
plume qui eût fait de lui, s'il l'eût voulu, un maître
du genre, ou écrivait à la suite d'un court voyage
dans le Midi ce petit chef-d'œuvre d'observation
politique, morale et pittoresque, qu'il a intitulé :
Voyage aux pays rouges. Dans ces sujets si divers,
toujours une pensée pure et élevée, dans une
langue excellente formée sur les grands modèles ;
une allure rapide et gracieuse, un tour ingénieux
et original, et cette qualité si précieuse et si rare
chez les journalistes fatigués de beaucoup écrire,
la bonne grâce, la belle humeur, je ne sais quoi
de jeune, de frais et d'attrayant. Si, au lieu de se
disperser, de se dépenser et de se dissimuler avec
un désintéressement voulu, il n'avait produit qu'à
son heure, sous son nom, sur des sujets de choix,
avec un esprit jamais surmené, nul doute qu'il
n'eût mérité et acquis l'une des plus brillantes
réputations d'écrivain de ce temps. Faut-il ajouter
qu'il était aussi, quand il le voulait, quand une
bonne œuvre à accomplir faisait violence à son
parti pris de ne pas se mettre personnellement en
vue, un orateur dont l'éloquence aisée, gracieuse
et chaude, rappelait celle d'Augustin Cochin ?
Faut-il rappeler enfin que, chargé dans ces derniers temps de diriger l'administration très com-
pliquée de la Société des publications conserva-
trices, il a montré une fois de plus sur ce
terrain nouveau l'extraordinaire variété de ses
aptitudes ?

En François Beslay, il y avait mieux encore que l'administrateur, l'orateur ou l'écrivain ; c'était l'homme même. Comment l'évoquer sans que la main tremble et que le cœur défaille ? Cette physionomie charmante, ce front et ce regard si purs, cette aimable bonté, cet esprit ouvert et vif, étincelant et généreux, aussi facilement ému qu'enjoué ; ce cœur qui battait si vite à toutes les nobles causes, cette âme si vaillante à tous les périls et à tous les sacrifices, cette amitié sûre, tendre et dévouée : n'est-ce pas ainsi que nous l'avons connu jusqu'à la dernière heure, plus séduisant et pour ainsi parler plus vivant encore depuis que la maladie l'avait atteint, — mortellement, hélas ! — sans pouvoir ni l'éteindre ni l'abattre ? Et c'est là ce que nous ne verrons plus, ce dont il ne nous reste qu'un inoubliable souvenir !

Une telle pensée est trop déchirante pour y trouver quelque adoucissement ; il faut nous placer à un autre point de vue et regarder surtout, dans notre ami, le chrétien. Quand, en 1868, après de longues délibérations, dont nous eûmes alors la confidence, François Beslay, âgé de trente-trois ans, se décida à interrompre une carrière déjà honorablement commencée et à se faire journaliste, quel fut le motif de sa décision ? Il avait sans doute, en politique, des convictions profondes, généreuses, qu'il a servies avec autant de fidélité que de désintéressement. Mais cela n'eût pas suffi à lui faire abandonner le barreau. Un seul motif le détermina : le désir de défendre la religion et l'Eglise, et de les défendre par les armes qui lui paraissaient le plus efficaces dans la société mo-

derne, celles qu'avaient employées avant lui les
autres morts dont il doit être rapproché, Lacordaire,
Montalembert, Ozanam, Cochin, l'abbé Perreyve,
Cornudet, Mgr. Dupanloup. Aussi, quand il appre-
nait que *le Français*, introduit dans une famille,
avait contribué à détruire quelques préventions
contre le catholicisme, à dissiper des malentendus,
à ramener une intelligence à Dieu, quelle joie il
témoignait ! Comme il était consolé, et au delà,
de tous les déboires et de toutes les défaites de la
politique ! On sentait que là était le principal,
nous allions dire l'unique intérêt de son travail et
de ses sacrifices. Ce souvenir nous est doux à rappeler devant cette tombe. Notre ami a donné ainsi
ses forces et son cœur à une cause qui peut, dans
la vie, ne pas conduire au succès apparent, mais
qui ne trompe pas après la mort, à l'heure du
véritable paiement et de l'éternelle récompense.
C'est qu'avant tout et par-dessus tout il fut un
grand chrétien. De lui on eût pu dire ce qu'on a
écrit de Montalembert jeune homme, qu'il avait
une piété d'ange. Si nous en appelions à tous ceux
que sa charité, aussi délicate que généreuse, a
soutenus, relevés des chutes matérielles ou mo-
rales, quel écho ne trouverait pas notre parole ?
Et si, pénétrant plus avant dans l'intime de cette
vie, nous osions dévoiler certains secrets, ne rencontrerait-on pas des traits qui sembleraient détachés de quelque histoire de saint ? Dans sa dernière maladie, longue et cruelle, cette rare vertu
s'est encore agrandie et épurée. Il a vu venir la
mort et l'a acceptée, non sans déchirement, en
pensant à ses œuvres, à cette nombreuse famille

tant aimée et si digne de l'être, mais avec une soumission pleine de foi et d'amour, avec une vaillance sereine et charmante. C'est sur cette pensée que nous voulons finir ; seule elle apporte un peu de consolation et mêle beaucoup d'espérance à notre douleur.

VII

Une fondatrice de congrégation religieuse
dans la France contemporaine (1)

Les loisirs d'une villégiature me firent récemment tomber sous la main deux volumes, sans nom d'auteur, intitulés : *Les Origines de l'Assomption*. L' « Assomption » dont il est ici question est une congrégation de femmes, fondée dans la première moitié du siècle, actuellement à la tête d'importantes maisons d'éducation, en France et à l'étranger. Ces volumes ne sont pas dans le commerce ; la religieuse anonyme qui les a composés, nous avertit qu'ils n'ont pas été faits pour le public, que c'est un « travail tout intime », un « dépouillement de papiers de famille » fait à l'intention de celles qu'elle appelle « ses chères Sœurs. » Elle n'a nullement la prétention d'avoir écrit une histoire de la fondatrice, et ne présente son livre que comme un recueil de « notes et documents » destinés à aider celui qui, plus tard, entreprendra cette histoire.

Convenait-il d'ouvrir un livre qui n'était pas écrit pour nous ? A vrai dire, je ne le fis pas sans quelque hésitation. Ce n'était pas scrupule de discrétion ; l'historien se croit des licences particu-

(1) *Le Correspondant* du 25 octobre 1899.

lières. C'était crainte de ne trouver là qu'un recueil très pieux, sans doute, mais sans originalité, ressemblant à beaucoup d'autres du même genre, plus fait pour édifier les religieuses que pour intéresser les profanes. Or, à peine avais-je lu quelques pages, que j'étais surpris, saisi, charmé. La fondatrice dont on racontait la vie, et dont jusqu'alors j'ignorais même le nom, m'apparaissait une femme absolument supérieure, non seulement par la vertu, mais par l'intelligence. On la voyait mener à fin l'œuvre toujours si ardue d'une fondation d'ordre, dans des conditions exceptionnellement difficiles. Nous connaissions jusqu'ici deux types de fondatrices. Les unes, comme sainte Chantal, n'ont fait qu'exécuter la pensée d'un fondateur qui les soutenait, les dirigeait, Dieu sait avec quelle force et quelle lumière, quand ce fondateur était un saint François de Sales ! D'autres, comme sainte Thérèse, ont suivi leur inspiration personnelle, mais l'ont fait après une longue préparation, après avoir eu, comme la grande réformatrice du Carmel, près de trente ans de vie monastique et avoir été, pendant ce temps, favorisées des communications surnaturelles les plus extraordinaires. Le cas de « l'Assomption » ne rentre dans aucun de ces deux types. Si la fondatrice, comme sainte Chantal, reçoit d'un autre, d'un homme, l'idée de la fondation, si elle ne s'y donne que par esprit d'obéissance, ce premier inspirateur est loin d'être pour elle ce qu'avait été l'évêque de Genève pour la Mère de la Visitation. C'est un prêtre zélé, mais sans jugement et sans sagesse. A peine la petite barque est-elle en pleine mer, que, sous peine de chavirer, force est de se séparer du pilote sur la foi duquel on s'est lancé. La direction retombe tout entière sur celle qui n'avait cru être qu'une collaboratrice soumise. Et avec quelles difficultés : Aux méfiances qu'éveille toute fondation de ce genre, s'ajoutent celles qu'ont trop justement soulevées les fautes de conduite du fondateur. Pas un prêtre pour soutenir et guider cette fondatrice improvisée. Eh bien, elle se montre si habile et si ferme, elle sait inspirer à tous, par sa sagesse et sa vertu, tant d'estime et de confiance, elle acquiert une telle autorité, qu'elle surmonte à elle seule tous ces obstacles. Et celle qui accomplit cette œuvre extraordinaire n'est pas comme Mme de Chantal, une femme de trente-huit ans, ayant déjà fait ses preuves comme chef de famille ; ce n'est pas, comme sainte Thérèse, une religieuse presque quinquagénaire, ayant vingt-neuf années de cloître ; c'est une jeune fille de vingt-trois ans, sans expérience de la vie monastique. Et cet événement ne s'est pas passé à quelqu'une de ces époques héroïques et anormales où aucune précocité ne surprend ; c'est de nos jours, en pleine période bourgeoise, sous le règne du roi Louis-Philippe.

Il y a là, si je ne me trompe, un fait singulier, dont on trouverait difficilement l'analogue dans l'histoire religieuse. La femme qui, si jeune, a donné la preuve d'une si exceptionnelle valeur, mérite, ce me semble, qu'on en esquisse la physionomie. C'est ce que je veux tâcher de faire au moyen des renseignements contenus dans les

deux volumes dont je viens de prendre connaissance. Les religieuses de l'Assomption pardonne-
ront à un étranger de pénétrer ainsi dans un domaine qu'elles avaient gardé jusqu'à présent derrière une sorte de clôture. La mémoire de leur
fondatrice ne peut perdre à ce qu'une main respectueuse et discrète soulève un moment le voile
dont elle s'était si longtemps couverte.

I

Eugénie Milleret de Brou naquit à Metz, le
25 août 1817. Son père, receveur général dans cette
ville, était ce qu'on appelait alors un libéral vol-
tairien. Sa mère était peu chrétienne, mais sé-
rieuse, énergique, soucieuse de former le caractère et l'intelligence de ses enfants. Eugénie, fort
peu instruite des choses de la religion, fit sa première communion à douze ans, « avec ferveur et
bonne foi, quoique un peu légèrement », a-t-elle
dit elle-même. Il lui en resta, toujours d'après son
témoignage, « un fond de foi, de l'attention et du
respect dans le peu d'actes de religion qu'elle
accomplissait, et un grand désir de vivre mieux
en chrétienne ; tout cela, il est vrai, avec une
grande ignorance, beaucoup de légèreté et tant
d'indépendance qu'elle eût, ajoute-t-elle, peut-être
perdu ce désir, si elle avait compris jusqu'où il
s'étendait ». Placée à treize ans dans un pensionnat
où les études étaient assez poussées, elle s'y dis-
tingua tout de suite, mais n'y put rester longtemps
à cause de sa santé délicate.

Eugénie avait quinze ans quand, en 1832, sa

mère mourut du choléra. Trop jeune pour prendre la direction de la maison paternelle, elle fut confiée à des familles amies, fort mondaines et encore moins religieuses que n'avait été la sienne propre. La vie qu'on y menait n'était pas sans danger pour une toute jeune fille, isolée, spirituelle et jolie. Elle s'amusa du monde, mais en enfant, avec simplicité et candeur. Ses lectures non dirigées, les conversations qu'on ne se gênait pas pour tenir en sa présence, éveillèrent en elle, sur la religion, des doutes que personne n'était en mesure ni ne prenait la peine de dissiper. Quelques lignes écrites par elle, en 1835, quand elle avait dix-huit ans, nous feront faire une première connaissance avec cette jeune âme :

« Mes pensées sont une mer agitée qui me fatigue, me pèse. Tant d'instabilité, jamais de repos, une ardeur qui toujours dépasse les bornes du possible. Tantôt absorbée par des questions bien au-dessus de ma portée et auxquelles je ferais bien mieux de ne pas penser, les plus hautes questions du monde !... Je voudrais tout savoir, tout analyser, et me lançant dans des régions effrayantes, je vais hardiment, interrogeant toutes choses, poursuivie de je ne sais quel besoin inquiet de connaissance et de vérité, que rien ne peut rassasier. Et puis, cet esprit hautain, le plus futile objet va l'absorber, quelques feuilles vertes, un rayon de soleil, que dis-je ? Une vanité, un éloge. J'ai voulu monter comme l'aigle et je suis bien vite tombée !

« Ensuite, tous les rêves du cœur, des besoins

d'affection que rien ne satisfait, des unions d'âme impossibles : comme si cela se trouvait ici-bas. Alors viennent des dégoûts de la vie, des tristesses qui semblent se réjouir en elles-mêmes et que je cache sous une enveloppe d'indifférence, parce que je sais qu'il n'y a personne qui ait une minute à perdre pour essayer de raviver mon cœur... Je suis seule, seule au monde, dans un amer isolement d'âme... Si je mourais demain, je serais oubliée après-demain ; personne ne viendrait prier sur ma tombe. Pourtant je prie pour les autres, mais ils n'en savent rien, ou bien, qu'est-ce que cela leur fait !... Oh ! que je devrais apprendre à les quitter, ces amis du monde, avant la dernière heure, et remplir aussi mon devoir d'activité ! Prier, ce n'est pas tout ; il faut prier en action, et si je faisais quelque chose de bon, Dieu s'abaisserait vers moi, le Dieu de toute consolation qui a promis de relever et de soutenir les cœurs fatigués ».

On le voit, l'angoisse se terminait volontiers en prière. En 1836, attirée par le renom des conférences que l'abbé Lacordaire avait commencées l'année précédente, Mlle Milleret se décida à les suivre. Plus tard, elle aimera dire : « Ma vocation date de Notre-Dame ». Comme tant d'âmes de ce temps, elle trouva dans cette parole ce qu'elle attendait. La lumière et la paix se firent en elle. Non seulement sa foi fut définitivement raffermie, mais elle eut le sentiment intérieur que Dieu l'appelait particulièrement au service de « cette Église qui, « désormais, avait seule, à ses yeux, le secret et la

« puissance du bien ». Comment répondre à cet appel ? Elle voulut consulter le prédicateur dont la parole lui avait produit un tel effet. Celui-ci ne jugea pas l'heure venue de rien décider sur la vocation d'une jeune fille naguère envahie par le doute ; son dernier mot fut : « Priez et attendez ».

Eugénie attendit donc, mais, dès lors, tout le travail de son intelligence, notamment les fortes lectures que lui avait conseillées Lacordaire, tendirent à la rendre mieux maîtresse de sa foi. Des notes prises au jour le jour permettent de suivre ce travail intérieur. D'abord elle apparaît tout occupée des recherches qui l'ont fait arriver à la vérité : « Je tiens à ma foi, dit-elle, comme à quelque chose que j'ai découvert, et j'aurais de la peine à renoncer à certains raisonnements, à certaines idées qui m'y ont conduite ». Quelques mois plus tard, elle est tellement en possession de l'évidence, qu'elle paraît avoir oublié ces raisonnements. Elle écrit alors ces lignes dont la psychologie pénétrante et la haute spiritualité étonnent sous la plume d'une jeune fille de dix-neuf ans, naguère tout à fait étrangère à ces idées :

« A quoi peut-il donc tenir que, quand je suis maintenant entraînée dans quelque discussion religieuse, je ne sais plus être lucide ? Je n'ai rien à répondre, je ne puis donner aucune raison de ma foi. Je ne suis cependant arrivée à la foi que par la conviction de mon intelligence. J'ai discuté, j'ai reculé, et si je me suis soumise à la loi de l'autorité, c'est qu'elle m'a paru évidente, c'est que j'y ai été amenée par la chaîne de mes pensées, où chaque jour ajoutait un anneau.

« Il est vrai, lorsqu'après la foi j'ai eu trouvé l'amour, toutes ces choses ont pâli devant moi ; j'ai voulu que tout fît silence, je n'ai plus cherché qu'à plonger mon âme dans les flots de sang que je voyais couler sur l'autel. Mais enfin, mon intelligence m'est restée, et ce que j'ai trouvé alors, les pensées que j'ai eues, les raisons qui m'ont maîtrisée, pourquoi se sont-elles enfuies de moi ?... M'en plaindrai-je aujourd'hui ? ou plutôt n'aimerai-je pas à me voir parmi les pauvres d'esprit, sûre qu'au jour, où pour mes frères ou pour moi, j'aurai besoin de quelque chose, Dieu me le donnera, fût-ce aussi bien la pensée la plus forte, que le morceau de pain que chaque jour nous lui demandons ?... Oh ! non, je ne troublerai pas ce sacré sommeil que Notre-Seigneur semble me permettre de dormir sur son sein, et quand le moment du réveil viendra, j'aimerai à me voir petite et faible tant qu'il ne me voudra pas plus grande ».

Eugénie est d'ailleurs plus travaillée que jamais de l'idée que « Dieu a des desseins sur elle ». « Si je ne puis, écrit-elle, l'accorder avec la vue de ma misère, je me dis qu'il aime à se servir de ce qu'il y a de plus vil, de plus pauvre, de plus rien, pour que sa grandeur et sa force éclatent mieux dans ces vases d'argile ». Ces lignes sont du mois de mars 1837. L'heure décisive va sonner. Peu après, en effet, venue à Saint-Eustache pour entendre un prédicateur assez couru, elle croit reconnaître en lui l'homme qu'un songe récent, auquel elle n'a pas du reste attaché d'importance, lui a désigné comme le guide cherché par elle. C'était M. Combalot, prêtre très zélé, plus zélé que prudent, aucien disciple de Lamennais, qui, depuis des années, se dépensait en courses apostoliques à travers toute la France, prodiguant partout sa parole ardente, ne ménageant personne, ni les autres ni lui-même. Eugénie, bien que peu attirée par le genre du prédicateur, croit devoir se rendre à son confessionnal et lui parler de son désir de faire quelque chose pour Dieu. M. Combalot ne paraît pas tout d'abord comprendre la valeur de sa pénitente, et celle-ci de son côté, effarouchée de l'impétuosité du confesseur qu'elle a voulu essayer, décide, au bout de peu de temps, de ne plus s'adresser à lui. Elle lui écrit une lettre pour lui en donner les raisons et lui réclamer en même temps deux objets qu'il devait bénir. Elle attendait dans l'église la réponse à cette lettre qu'elle avait fait remettre par le sacristain, quand M. Combalot arrive et lui fait signe d'entrer au confessionnal : « Il ne faut pas me quitter, dit-il. Dieu veut que vous restiez sous ma direction... Il y a quelque chose dans cette lettre !... Est-ce que vous avez étudié ? — Mais, mon Père, j'ai reçu l'éducation qu'on donne habituellement aux jeunes filles. — C'est égal, il y a quelque chose dans cette lettre, répète le prêtre ; Dieu vous envoie, Dieu veut que vous restiez ». Douze ans auparavant, priant devant l'image de sainte Anne d'Auray, M. Combalot avait cru entendre une voix lui demandant, au nom de la Vierge, la création d'une congrégation de religieuses, vouée à honorer le mystère de l'Assomption et à renouveler l'éducation des jeunes filles du monde. Depuis lors il avait plusieurs fois tenté, sans succès, la réalisation de cette pensée. Or en

lisant la lettre de Mlle Milleret. il lui est venu subitement à l'esprit qu'elle pourrait être l'instrument
de cette fondation. Il s'en ouvre à elle, lui dévoile
son projet et l'espoir qu'il fonde sur elle. La jeune
fille est fort troublée. L'idée d'entreprendre une
fondation l'épouvante. « Je ne connais pas la vie
religieuse, répond-elle, et suis incapable de fonder
quelque chose dans l'Eglise de Dieu ». Mais, en
même temps, elle se fait scrupule de résister à ce
qu'on lui signifie si hautement comme la volonté
divine. Une force mystérieuse l'incline à obéir, si
bien qu'elle finit par se soumettre complètement à
la direction qui s'impose à elle dans des conditions
si extraordinaires. D'ailleurs, à ce moment, comme
s'il voulait l'encourager, Dieu la comblait de grâces
intérieures. Elle clôt une retraite par un acte de
donation complète à Jésus-Christ, un vœu de chas-
teté et d'obéissance et une promesse de consacrer
sa vie à l'œuvre de « l'Assomption ». La généreuse
ardeur qui l'enflamme éclate dans les notes de cette
retraite. Citons-en seulement la conclusion :

« Ainsi, quand, depuis un an, mon cœur battait
au nom de mes contemporains, illustres défenseurs
de la Foi, Lamennais avant sa chute, Lacordaire,
Montalembert et tous les autres, que je rêvais d'être
homme, pour être, comme eux, grandement utile,
que je me disais qu'ils sauvaient la patrie en la
retrempant à la source de la vérité, je ne pensais
guère qu'il me serait donné à moi, pleine de misères et de faiblesses, de m'associer à leurs grandes
destinées. Et pourtant cela est ; car mon humble
sacrifice, s'il est complet, Dieu le bénira comme
leurs pensées grandioses. Peut-être ferai-je de

grandes œuvres, peut-être aurai-je des saintes pour enfants, et peut-être auront-elles, à leur tour, de grandes influences de salut ».

II

M. Combalot, toujours impatient, eût voulu mettre tout de suite la main à l'œuvre. Mlle Mille-ret, plus prudente, le retient. Il lui faut quelque délai pour préparer sa famille, qui ne comprend rien à son dessein et contre laquelle elle soutient une lutte douloureuse. En novembre 1837, elle finit par obtenir que son père la laisse se retirer dans une communauté religieuse, pour y étudier sa vocation. M. Combalot lui a désigné, à cet effet, un couvent de Bénédictines, rue Sainte-Geneviève. Par plus d'un côté, l'épreuve lui est pénible. Habituée à une vie très indépendante, elle se trouve comme un oiseau en cage, et la cage est triste et froide. Simple dame pensionnaire, sans rapports avec la communauté, elle n'a pas le secours qu'elle eût trouvé dans un noviciat ; aucune famille nouvelle n'a remplacé pour elle celle qu'elle est toute meurtrie d'avoir quittée et qui la poursuit toujours de ses plaintes attendries ou de ses âpres reproches Elle se sent dans un isolement complet ; son directeur, toujours par voies et par chemins, n'est pas auprès d'elle pour la soutenir, et déjà, dans les lettres qu'il lui écrit, elle entrevoit une mobilité et une fougue qui ne sont pas sans l'inquiéter. A ce régime, sa santé dépérit. Et cependant, sa résolution ne faiblit pas. Plus elle est seule, plus elle se sent devenir proche de Dieu.

Neuf à dix mois s'écoulent ainsi. Mais, avec son esprit pratique, Eugénie se rendait compte que cette situation de dame pensionnaire ne la formait pas à l'œuvre qu'on attendait d'elle. « Ici, écrivait-elle à son directeur, j'apprends l'anglais et le latin, mais rien de la vie religieuse ». Aussi demandait-elle à être mise à une école plus efficace, à faire un stage de novice dans un couvent existant. M. Combalot comprit la sagesse de cette demande et obtint qu'elle fût admise, en cette qualité, au monastère des Visitandines de la Côte Saint-André, en Dauphiné. Ces bonnes religieuses, avec un désintéressement rare, acceptaient de former un sujet qu'elles savaient ne pas devoir leur rester. Commencé le 15 août 1838, ce noviciat devait durer jusqu'en avril 1839. La correspondance de la jeune novice, pendant ce temps, la montre fermement appliquée à acquérir ce que, dans la langue du cloître, on appelle la régularité. Elle édifie les supérieures par sa vertu et charme toutes les religieuses par la grâce de son esprit. C'est aussi pour elle un temps de fortes études. Elle ne goûte pas les petits livres de spiritualité, mais se nourrit de l'Ecriture, des Pères, des Docteurs, qu'elle peut lire en latin ; saint Paul et saint Thomas d'Aquin ont ses préférences. Elle y trouve l'aliment de son oraison, ainsi qu'elle s'en explique dans une page remarquable qu'on ne dirait certes pas écrite par une fille de vingt ans :

« Mes études passent dans mes méditations, et je suis étonnée de voir comme tout ce que saint Thomas m'apprend entre dans mes mouvements de piété, les vivifie et les domine. Je n'aime pas à m'appuyer sur le faux ni l'incertain, même dans les moments où le cœur, se dilatant et parlant seul à seul à son Dieu, essaye de percer par l'amour le voile des rapports qui l'unissent à lui. Le faire par l'imagination seule, cela me refroidit et m'inquiète; mon âme prend un essor plus libre et plus assuré, quand elle se sent certaine du terrain qu'elle parcourt et qu'elle y est guidée par la foi savante du Docteur angélique. Je ne sais si ce n'est pas lui qui a dit que la connaissance et l'amour sont les deux ailes des chérubins; cette pensée me plaît, et je crois volontiers, en effet, qu'après la charité, rien n'élève tant à Dieu que la science de ses perfections et de ses œuvres, au plus haut degré où l'homme puisse l'acquérir ici-bas. »

Cette piété si forte, si virile, n'a cependant rien de tendu ; elle connaît les doux abandons et il s'y mêle volontiers je ne sais quelle fraîche et jeune poésie. Voyez, par exemple, cette autre page, écrite à propos de quelqu'une de ces heures de tristesse et de délaissement par lesquelles passent toutes les âmes en recherche de perfection :

« Je dois, Seigneur, ne pas tourmenter ma pauvre âme, lui laisser faire à vos pieds ce qu'elle veut, la laisser se reposer, écouter votre voix qui me dit : « Je suis ton ami le meilleur, le plus doux ; en veux-tu d'autres ? Repose-toi auprès de moi ».

« Ensuite, il faut la mettre en face du ciel, quand il est beau ; cueillir des fleurs des champs, les regarder, penser à vous qui les avez faites et qui êtes bon, puisque tout cela remet la paix dans mon cœur.

« Je penserai ensuite que la robe céleste se fait

à l'envers ; plus elle est laide et pauvre aux yeux des hommes, plus elle vous plaît.

« Si vous daignez me toucher un peu de votre aile, je ne refuserai pas ce souffle de vie, d'inspiration, d'amour ; j'en jouirai avec reconnaissance. J'ai besoin de cela pour me taire et trouver en moi ces harmonies sans lesquelles je souffre. Je chercherai encore le beau dans votre parole : Je lirai quelques passages de Job ou de Moïse.

« Mon Dieu ! je ne m'en voudrai plus de ce que mon cœur veut l'amour, et mon esprit le beau ; je chercherai tout cela en vous. Vous êtes seul la beauté, l'amour infini. Puissé-je vous chercher partout, vous trouver toujours, me renfermer en vous, vivre de vous ! C'est ainsi que je pourrai m'appliquer à une perfection qui me tue, lorsqu'elle est entendue à la manière des livres. Vous, vos œuvres dans la nature, votre parole, m'instruisent bien mieux. Pour sacrifier les choses d'ici-bas, pour n'y pas marcher, pour quitter tout en détail et sans cesse, il ne faut pas se couper les ailes. »

Voici un autre trait qui complète la rare figure de cette jeune fille et par lequel se manifestent la générosité et la largeur de son cœur. M. Combalot, mis en rapport avec George Sand, a rêvé de la convertir. La novice lui écrit aussitôt, du fond de son couvent :

« J'ai une grande joie de penser que vous voulez aller à la conquête de George Sand. Je suis comme vous, cette âme m'attire ; j'ai prié pour elle de tout mon cœur, et je crois que c'est le bon plaisir de Notre-Seigneur, car il m'y donne une inexprimable affection. Je la recommanderai aux prières de quelques-unes de nos Sœurs. Cette femme doit être bien malheureuse ; mais prenez garde, cette conquête n'est pas facile. Je pense qu'il faut aller à elle par le cœur, avec la charité du bon Pasteur, élargir ses entrailles, et commencer par l'aimer beaucoup devant Dieu : puis, si vous me permettez d'ajouter un conseil, je vous dirai que je crois qu'il faut s'armer d'humilité, la dominer par la vertu, et par celle-là qui lui est inconnue. Elle a trop d'esprit pour être dominée autrement. »

Peu après, comme M. Combalot se décourageait, en voyant à quel point cette femme paraissait alors être tombée bas dans sa propre estime, Eugénie lui répond :

« Permettez-moi de vous dire, mon cher Père, que je ne crois pas que vous puissiez rien pour le salut de cette pauvre George Sand, si vous la prenez par le mépris... Ayez moins de mépris et un peu plus d'amour. L'amour, c'est la grande force de Jésus-Christ ; et je crois qu'une âme qui, comme celle-là, a mesuré les souffrances de l'abîme, se laisserait bien embraser de ce feu sacré qui la renouvellerait pour le ciel. Vous faites-vous une idée de ce que serait sa première action de grâces, au moment où elle remonterait de ses profondes ténèbres jusque dans le sein de Dieu, où les mérites de Jésus-Christ seraient les siens et la pureté du Sauveur serait la sienne ?

« Je n'ai pas pu l'éprouver comme elle, puisque je ne connaissais encore que les fleurs qui entourent l'abîme. Mais ôtez les secours de mon éducation que ma mère avait faite forte, sinon chrétienne ; ôtez cette Providence particulière qui a veillé sur moi jusque par des miracles, qui a coupé ma jeunesse de revers de fortune, de deuils, de maladies, d'intervalles de retraite absolue à la campagne, et vous verrez si je n'aurais pas pu tomber aussi bas que la pauvre femme pour laquelle je voudrais vous donner plus de charité, au moins devant l'autel, car je sens, du reste, que cette charité doit être toute revêtue de prudence ».

Nous venons de voir la générosité de son cœur : voulons-nous maintenant avoir quelque idée de son jugement dans les choses littéraires ? M. Combalot a commencé un ouvrage sur la sainte Vierge. Telle est son estime pour sa jeune pénitente qu'il l'a chargée de le terminer à sa place. Celle-ci, en relisant les chapitres déjà écrits, — un peu vite comme tout ce que faisait l'auteur, — y a trouvé des négligences qu'elle voudrait d'abord corriger. M. Combalot, qui ne songe qu'à en finir promptement, lui déconseille ce retour en arrière. Eugénie insiste. Elle précise, sur des questions très arducs de métaphysique et de théologie, les points où le livre s'écarte de la doctrine de saint Thomas ; elle signale également des impropriétés de style et ajoute, à ce propos, ces réflexions qu'un critique expérimenté ne désavouerait pas :

« Je crois qu'on discrédite les grandes idées théologiques en les produisant sous des formes barbares ; et permettez-moi de vous dire que ce n'est, le plus souvent, que parce qu'on ne veut pas se donner la peine d'en chercher d'autres. L'expression est la forme nécessaire de l'idée : l'une subit le sort de l'autre, et elles réagissent même l'une sur l'autre de telle sorte qu'une idée ne peut être pleinement conçue par l'intelligence que lorsqu'elle a trouvé son expression claire et complète. Au moins, telle est la loi de mon intelligence et la raison du prix que j'attache à la manière dont on dit les choses, convaincue que je suis, que tout ce qui ne s'exprime pas bien, n'est pas grand'chose dans le domaine de la raison; car pour le cœur, c'est différent, et j'admets très volontiers qu'il y ait des émotions intraduisibles dans nos langues humaines.

« Je me suis donc souvent étonnée du peu de prix que vous attachez à l'expression de vos pensées. Je crains bien que ce soit là votre tort comme écrivain. Les formes du style sont, chez vous, riches, animées, quelquefois trop ; mais, ce qui manque, c'est l'enchaînement, la brièveté, c'est l'effort que vous ne faites pas pour saisir vos idées dans leur source et dans leur suite, et les rendre par une expression simple et forte.

« Pourquoi faut-il que je le comprenne si bien et le puisse si peu ? Au moins voudrais-je vous persuader, mon très cher Père, d'essayer de le faire, vous qui le pouvez »...

Ce n'est pas la seule leçon que la novice se trouve conduite à donner à son directeur, sans cependant que cette interversion paraisse jamais déplacée, tant elle agit simplement, naturellement, humblement, tant aussi elle semble dans le rôle qui lui appartient. Elle conseille son père spirituel sur sa santé, ses travaux, son caractère, le reprend sur sa façon de traiter avec les évêques, lui prêche la discrétion et la mesure, l'invite à « cultiver la vertu de prudence, » lui rappelant que « cette prudence simple et chrétienne est mère de la charité en même temps que du succès ». « Je crois, lui écrit-elle, que vous avez autant besoin de vous calmer que j'ai besoin de m'exciter... Laissez-moi vous dire, lorsque le feu brûle trop vite, il s'en va tout en étincelles et en fumée ». Elle lui rappelle, non sans autorité, les devoirs qu'il s'impose s'il veut être un fondateur. Une autre fois, elle est à ce point troublée de ce qu'elle entrevoit du caractère de son directeur, qu'elle lui manifeste, en ces termes, ses inquiétudes et ses défiances :

« Dès que je ne regarde que Notre-Seigneur, je sens que ce qui est le plus parfait devant lui, c'est de m'abandonner pleinement, puisque je n'ai ni la responsabilité d'une non-réussite, ni celle de votre réputation comme fondateur ; mais je suis si fort intéressée à l'une et à l'autre que je ne puis m'empêcher de vouloir assurer le succès par ma prudence en laquelle, — permettez-moi de le dire, — j'ai plus de confiance qu'en la vôtre. Ou bien, je voudrais n'être jamais appelée au conseil, ne pas être mise en tête et ne me mêler de rien... Mais, pardonnez-moi de vous écrire ces choses, mon très cher Père, je vais tâcher de remplir mon cœur de l'amour de la croix et alors j'aurai assez de foi pour marcher sur les eaux, s'il le faut.

« J'ai de la peine à ôter de mon esprit que vous ne soyez pas propre à une pareille fondation. Il me semble que je serais soulagée si, sous votre direction et avec vos idées, un autre pouvait se charger de la créer, de la régulariser. Je crois toujours que vous n'avez pas assez de suite, ni de calme, ni de prudence, ni d'esprit de commandement »...

Pour qui connaissait l'abbé Combalot, ces inquiétudes n'étaient que trop justifiées. A cette même époque, l'abbé d'Alzon, après l'avoir entendu exposer ses projets et la façon dont il prétendait les exécuter, en était tout effrayé et ne pouvait s'empêcher de lui dire : « Je ne connais qu'un obstacle à votre œuvre. — Lequel? demanda M. Combalot — Vous-même, mon cher ami ». Malgré tout, la vaillante novice se faisait scrupule de marchander son dévouement, son obéissance à ce directeur, si inquiétant qu'il parût à sa précoce sagesse. Ainsi lui écrit-elle : « Laissez-moi vous dire que je suis, tous les jours, plus disposée à me livrer pleinement à vous, et que les raisons que j'apporte ici, sont pour l'œuvre seule et non pour reculer le moment du sacrifice ». Et encore : « Faut-il que je vous répète que je suis toute à vous, que j'ai tout quitté pour votre œuvre, que je désire maintenant me quitter aussi moi-même ? »

M. Combalot ne paraît pas avoir tenu compte des représentations que lui adressait sa fille spirituelle. Il n'en était, du reste, pas blessé et n'en continuait pas moins à avoir la plus haute idée de ses mérites, à compter absolument sur elle. « Plus j'y pense, lui écrivait-il, plus je reste convaincu que la Providence vous a prédestinée à devenir la pierre angulaire d'une œuvre toute divine ». A tout venant, il répétait « qu'il avait rencontré, pour l'exécution de ses desseins, une personne d'une intelligence supérieure ». « En trois mois, ajoutait-il, elle a appris le latin ; elle traduit Virgile d'une manière étonnante, et a écrit un traité remarquable sur l'éducation ; il n'y a pas certainement, en Europe, une femme qui puisse lui être comparée ».

M. Combalot n'avait donc qu'une pensée, mettre

le plus tôt possible à l'œuvre celle dont il attendait tant ; mais, pour cela, il devait préalablement lui adjoindre des compagnes. Ses tournées apostoliques lui étaient une occasion de les chercher par toute la France. Il eut le bonheur, pendant cette année du noviciat de la Côte-Saint-André, d'en trouver trois, qui devaient être, avec la fondatrice, les principales colonnes de « l'Assomption », Mère Thérèse-Emmanuel, Mère Marie-Augustine et Mère Marie-Thérèse. Les procédés par lesquels il faisait de si heureuses recrues, étaient parfois bien singuliers. Voyez, par exemple, comme il s'empara de vive force de Catherine O'Neill. Orpheline, issue d'une vieille famille irlandaise, belle, d'esprit raisonneur et volontaire, de nature ardente et très fière, elle était loin d'être pieuse. La vie mondaine et la curiosité intellectuelle l'avaient distraite des velléités monastiques qui lui avaient traversé l'esprit au moment de sa première communion. Toutefois, quand elle eut vingt et un et vingt deux ans, sous le coup d'épreuves domestiques, l'idée de cette vocation lui revint avec plus de force. Si peu dévote qu'elle fût, elle y tenait et désirait trouver un confesseur qui ne la jugeât pas impropre à la vie religieuse : cette préoccupation l'amena, lors d'un séjour à Paris, à s'adresser à l'abbé Combalot. Laissons-la raconter elle-même la première entrevue qu'elle eut avec lui, le 22 mars 1839 :

« Après la messe, j'entre au confessionnal de l'abbé Combalot, et, au premier mot, je vois qu'il tressaille. Je veux commencer à me confesser, il m'arrête :

« — Attendez. »

Puis, il semble réfléchir. J'ajoute :

« — Mon père, bénissez... »

Il m'arrête encore, et dit :

« — Etes-vous mariée ? »

A cette question, je rentre en moi-même : Pourquoi me demande-t-il cela ? Il continue :

« — Etes-vous libre, indépendante ?

« — Je ne dépends de personne. »

Et je recommence :

« — Bénissez-moi, mon...

« — Arrêtez, vous dis-je, j'ai une chose importante à vous communiquer ; venez chez moi, 47, rue de Vaugirard, à dix heures.

« — Mais, mon Père, dites maintenant ce que vous avez à me dire.

« — Non, venez chez moi.

« — Et ma confession ?

« — Vous vous confesserez après. »

Je demeurai interdite et sortis. A mon grand étonnement, je vis que les autres personnes se confessaient et ne m'expliquai point pourquoi on agissait ainsi envers moi. Je rentrai à la maison...

... A dix heures, j'arrive rue de Vaugirard, j'entre dans le cabinet de travail de M. Combalot, et il me dit :

« — Mon enfant, avez-vous jamais pensé à vous faire religieuse ?

« — Oui, je vous en parlerai après ma confession.

« — Non, ma fille, vous n'avez pas besoin de vous confesser. Dieu vous veut, vous devez être religieuse.

« — Mais, Monsieur l'abbé, vous ne me connaissez pas ; comment pouvez-vous juger cela tout d'un coup ?

« — Lorsque vous avez paru à mon confessionnal, je l'ai senti plus clairement que si un ange me l'avait dit. Vous devez être religieuse, et Dieu vous veut dans une œuvre que je dois fonder; c'est ce qui m'a fait vous arrêter court et désirer vous parler.

« — Mais vous me croiriez folle si j'acceptais ce que vous me dites, Monsieur l'abbé. Vous ne connaissez ni mon âme, ni mes besoins, ni mes aptitudes, ni rien de ce qui me regarde, et vous voulez décider de ma vie en dix minutes !

« — Ma fille, je n'ai pas besoin de le savoir, Dieu le veut, il vous veut dans cette œuvre que je veux fonder.

« — Mais quelle est cette œuvre ?

« — C'est pour l'éducation.

« — Je n'en veux pas.

« — C'est que vous ne comprenez rien à cette grande œuvre de l'éducation chrétienne... »

Il m'exposa alors le but, l'esprit, l'œuvre de notre institut, avec des paroles si brûlantes et une conviction si profonde, que je fus renversée. Cependant je ne me rendis pas tout de suite. « Mettez-vous à genoux, pour que je vous bénisse pour cette œuvre », me dit M. Combalot. Je résistai encore, mais il ajouta avec autorité : « Je vous parle au nom de Dieu, Dieu le veut, Dieu vous veut pour cette œuvre : mettez-vous à genoux ». Et telle fut sur moi la force de ces paroles que, bouleversée dans tout mon être, je me trouvai à genoux, sans oser résister à cette volonté de Dieu, formulée avec tant de certitude. « Je vous bénis pour cette œuvre », dit l'abbé Combalot ; et je sentis que je me donnais, mais en tremblant ; j'étais comme l'oiseau qui tout à l'heure prenait librement ses ébats dans l'air pur, sous le ciel bleu, et qu'un plomb meurtrier foudroie tout d'un coup !

Quant à M. Combalot, il continuait à m'exposer ses plans, sans tenir compte, sans même s'apercevoir de tout ce qui s'agitait en moi et répugnait absolument à une décision si précipitée et si contraire à la raison.

Enfin, revenant un peu de ma première stupéfaction, je lui exposai mes objections si légitimes :

« — Pour bien juger une vocation, lui dis-je, il faut connaître ; or vous ne me connaissez pas, et même vous ne voulez rien savoir de moi avant de décider en deux mots de ma destinée. Quelle confiance voulez-vous que j'aie en votre jugement ?

« — Je n'ai pas besoin de connaître, c'est une volonté de Dieu que je vous déclare.

« — C'est-à-dire que vous avez besoin de sujets pour votre œuvre ; vous me rencontrez, et, c'est là, je crois, la vraie cause de votre décision !

« — Ma fille, reprit-il d'un ton solennel, vous avez beau tourner et retourner, c'est une volonté de Dieu, il faut que vous l'accomplissiez. Cessez de faire des objections, cela sera. »

Il se mit alors à me parler de Mlle Milleret, en ce moment chez les Visitandines de la Côte-Saint-André, et qui allait revenir prochainement à Paris.

« — Vous pourrez aussitôt vous joindre à elle », me dit-il.

Je protestai de nouveau, et l'abbé Combalot recommença les mêmes assurances.

« — C'est au nom de Dieu que je vous parle, et

si, par votre résistance, vous faites manquer cette œuvre, vous en répondrez au jugement de Dieu. »

Et quand il prononçait ces paroles : *Au nom de Dieu*, je me sentais clouée là sans pouvoir résister. J'ajoutai cependant que j'avais ma famille, des personnes qu'il me fallait consulter, mon père, ma sœur, et que je ne pouvais entrer si vite. »

D'autres entrevues suivirent. Au bout de peu de temps, un désaccord s'étant produit sur une question de conduite, les rapports parurent brisés ; mais M. Combalot ne l'entendait pas ainsi ; il vint relancer miss O' Neill chez elle, se montra très paternel et lui reparla de son œuvre, comme s'il ne doutait pas de son concours. « Mes résistances étaient vaincues, a raconté plus tard celle qu'il poursuivait ainsi ; M. Combalot comprit qu'il pouvait compter sur moi et sortit content. » Cette jeune fille conquise par des moyens si extraordinaires, presque poussée de force au couvent alors qu'elle n'était qu'imparfaitement chrétienne, qui demeurait si fière, si raisonneuse jusque dans sa capitulation, dont Eugénie, un peu effrayée à la première vue, dira bientôt « qu'elle avait la figure d'un ange, mais d'un ange auquel il manquait peu pour être un ange rebelle », que va-t-elle devenir ? Avant peu, sous le nom de Mère Thérèse-Emmanuel, elle sera le bras droit de la fondatrice ; durant cinquante années, en qualité de maîtresse des novices, elle formera les générations successives des religieuses de l'Assomption, vénérée par toutes comme une sainte, âme de prière et de sacrifice, très avancée

dans les voies surnaturelles, hostie volontaire
d'une sorte d'immolation mystique ; Mgr Gay
devait dire d'elle, après être devenu son directeur :
« Je n'ai jamais connu d'âme à qui Dieu ait tant
parlé. »

III

Pour presser la décision de miss O'Neill, M. Combalot lui a annoncé la prochaine arrivée de Mlle
Milleret à Paris. On a loué, en effet, rue Férou, un
modeste appartement où elle doit s'installer avec
les compagnes que va lui amener son père spirituel. Heure redoutable pour elle. Sur le point de
quitter le pieux et tranquille asile de la Côte-Saint-
André pour se lancer dans l'inconnu, la jeune
novice, si vaillante qu'elle soit, se prend à trembler.
Ne lui serait-il pas plus sûr et plus doux de rester
là où elle est, sous la règle de Saint-François de
Sales, dont elle a goûté la sagesse ? Mais les Visitandines elles-mêmes, si désireuses qu'elles eussent
été de garder un sujet qu'elles ont su apprécier,
sont les premières à respecter sa vocation particulière. « Allez où Dieu vous envoie, lui disent la
supérieure et la maîtresse des novices, et que rien
ne vous arrête. » L'aumônier de la communauté,
son confesseur, n'hésite pas davantage. « Vous
devez obéir à Dieu, lui dit-il, et fermer les yeux
sur tout le reste. J'ai une grande estime pour
M. Combalot, mais aucune confiance en lui
comme fondateur. Mais j'ai foi en vous et aux desseins de Dieu sur vous. Marchez donc avec courage
et ne craignez rien. »

C'est le 30 avril 1839, que Mlle Milleret s'établit rue Férou avec ses premières compagnes. Elles sont à peine trois pour commencer; leur nombre, au bout d'une année, montera à six. Pendant l'été, elles se transportent, pour quelques mois, à Meudon, puis, à l'automne, reviennent à Paris et s'installent rue de Vaugirard, dans une maison entre cour et jardin, où, par la protection de Mgr Affre, elles peuvent avoir une chapelle. Rien de plus pauvre, de plus humble, de plus caché, que la petite communauté. Mais avec quelle ferveur, avec quelle générosité, ces jeunes filles travaillent à se former à la prière, à la mortification, à l'obéissance, à tous les devoirs de la vie religieuse ! Avec quel zèle elles poursuivent en même temps les études qui doivent les préparer à l'enseignement ! Entre les Sœurs règne une union pleine de tendresse, et toutes, dès le premier jour, ont donné entièrement leur confiance à cette Mère de vingt-deux ans qu'aucune d'elles ne connaissait auparavant. A travers les souvenirs qui nous sont rapportés de ces débuts, on respire quelque chose de cette fleur de poésie et de sainteté qui, autrefois, embaumait la jeunesse des ordres religieux. « Nous sentions, a dit plus tard l'une des premières Mères, que c'était le commencement d'une grande œuvre ; Dieu agissait tellement ! C'était la source de notre vie religieuse de l'Assomption : des vases qui se remplissaient, pour pouvoir ensuite se répandre. Nous étions pénétrées, notre Mère surtout, des grandes grâces que Dieu nous faisait dans ces premiers temps. On nous disait les bénédictions spéciales attachées au début des fondations, et nous l'éprouvions. Les choses surnaturelles semblaient nous toucher et nous être sensibles, nous avions les oreilles tout ouvertes pour écouter Dieu, et nous le sentions présent au milieu de nous. La pauvreté réelle dans laquelle nous vivions, nous établissait dans un haut détachement des choses créées, et l'obéissance, que M. Combalot nous faisait pratiquer à tout instant et sans aucun ménagement, brisait notre volonté, c'est-à-dire l'obstacle qui nous eût empêchées d'aller à Dieu. »

M. Combalot apportait, en effet, un zèle ardent et communicatif à presser la formation spirituelle de ses filles, plus de zèle, à la vérité, que de suite et de mesure. Sa direction était à la fois impétueuse et intermittente, despotique et versatile. A chaque instant, il s'absentait pour quelque prédication. Etait-il présent, il prétendait gouverner jusqu'aux moindres détails, mais changeait d'avis d'un jour à l'autre, suivant les gens qui lui avaient parlé la veille. La Mère Marie Eugénie, — c'est le nom qu'avait pris Mlle Milleret, — s'efforçait de pratiquer généreusement l'obéissance promise, mais sa sagesse s'alarmait, et elle ne pouvait s'empêcher de faire des représentations qui lui valaient d'être durement traitée par son impérieux directeur. Elle supportait tout en esprit d'humilité : dès que le Père lui adressait un reproche, elle se mettait à genoux : « C'était devenu comme son attitude habituelle, rapporte une de ses compagnes; je comptai, un jour, qu'elle s'était mise à genoux dix-sept fois. » La Mère souffrait cruellement de ces procédés, pour elle-même, et surtout pour l'œuvre qu'elle voyait ainsi mise en péril. Du moins avait-elle la consolation que ses Sœurs se serraient plus étroitement chaque jour autour d'elle, sentant qu'en elle seule, elles trouvaient un appui sûr. M. Combalot s'en rendait compte, s'irritait de voir celle sur laquelle il avait fondé tant d'espoir, devenir un obstacle à l'influence absolue qu'il prétendait exercer, et cela l'incitait à la traiter plus durement encore. Parfois, sous l'empire de cette déception, il semblait éprouver une sorte de lassitude de l'œuvre entreprise et le désir de se tourner d'un autre côté.

A la fin de 1840, la situation est plus tendue que jamais, et la pauvre Mère écrit dans une note intime :

« Je ne sais plus que faire ; il me semble que mes dispositions et mon état présent me font trouver plus d'inconvénients que jamais dans une direction si peu paisible. Je n'ai cependant de force sur moi-même qu'à l'aide de l'obéissance... Je suis comme quelqu'un qu'on fait tourner sans cesse vers tous les points du ciel et qui ferme des yeux aveuglés... Il me semble que Dieu demande tout autre chose... Il me semble que je devrais aller à Dieu par une grande paix et un abandon sans réserve ».

Un jour, elle n'y tient plus et se décide à écrire à son terrible directeur :

« Je crains que nous ne fassions bien du mal à nous et à l'œuvre, si nous ne pouvons marcher plus persévéramment dans cette voie de confiance réciproque qui me semble d'absolue nécessité. Si vous croyez avoir à vous plaindre de moi, changez-moi de place ; mais, quelle que soit votre supérieure, ne doutez pas d'elle, mon cher Père ; c'est lui ôter toute force. Vous m'avez fait beaucoup de mal, en m'enlevant l'espérance où je parvenais à me mettre, depuis quelque temps, que nos rapports ne seraient plus désormais que paix et charité. De toutes les espérances terrestres, il n'y en a guère qui pût m'être plus chère ».

Combien elle eût désiré pouvoir demeurer une fille confiante et soumise ! Voyez l'accent touchant de ses plaintes et de ses supplications :

« C'est la confiance qui me manque ; souvent je n'ose plus, soit que je vous craigne, que je me craigne moi-même ou que je craigne l'avenir. Rendez-moi donc cette confiance, mon très cher Père... Il faut que je vous aime beaucoup pour éprouver, comme je le fais, que je ne puis penser au temps où je me reposais en vous de toute l'étendue d'une confiance sans bornes, sans que les larmes me viennent aux yeux. Mais il ne dépend que de vous de m'y faire retrouver mon bien et non jamais mon mal. Faites-le, mon très cher Père ; portez de toutes vos sollicitudes cette âme qui ne demande pas mieux que d'être à vous : portez-la, sans vous lasser, avec patience, avec amour ; et si vous ne la laissez jamais à elle-même, je vous promets bien qu'elle ne se retirera jamais de vos bras, car elle serait bienheureuse, meilleure, et plus paisible dans ce paternel asile. »

La Mère Eugénie, dans son trouble, eût voulu consulter d'autres prêtres. Son directeur, qui lui a imposé un vœu d'obéissance absolue, ne le lui permet pas. Vainement, propose-t-elle de s'adresser aux meilleurs amis de M. Combalot, celui-ci les écarte sous différents prétextes. « Voulez-vous, lui demande-t-elle enfin, que je m'adresse à l'abbé d'Alzon ? » C'était un prêtre de Nîmes, jeune, mais déjà assez en vue et avec lequel M. Combalot l'avait mise en rapport pendant qu'elle était à la Côte Saint-André. « Emmanuel, répond le Père, mais il est à deux cents lieues ! — Qu'est-ce que cela fait, puisque vous ne voulez me permettre de voir aucun de ceux qui sont à Paris ? — Soit ! Vous pouvez lui écrire tant que vous voudrez. » La Mère se hâte de profiter de la permission. L'abbé d'Alzon ne peut, de si loin, lui donner de conseils bien précis ; il lui écrit toutefois :

« Non, vous ne devez pas abandonner à M. Combalot le succès de votre œuvre. Vous me dites qu'autour de vous on compte plus sur vous que lui. Souvenez-vous de ce que je vous dis, à Châtenay, en sa présence. Si je n'avais compté que sur lui, je ne vous aurais pas dès lors engagée à aller en avant. Croyez que votre Père aime plus l'ouvrage fait que l'ouvrage à faire, et partez de là pour le gouvernement de la maison... Non, vous ne devez pas tolérer les différentes choses dont vous me parlez. Tenez ferme aux points de règle, c'est votre droit ; et pour le reste, allez en esprit de foi, laissez-vous faire. Je sens qu'il faut pour cela un grand courage et qu'une position si pénible ne peut pas être longtemps soutenable ; mais nous ne pouvons aujourd'hui poser que des pierres d'attente : c'est à la Providence de dénouer vos liens. »

Cette crise intérieure était d'autant plus fâcheuse pour la congrégation naissante que, comme il

arrive à toute fondation nouvelle, elle était loin de
ne rencontrer que des approbations. On tournait
en ridicule les études savantes des religieuses,
notamment leur ambition d'apprendre le latin ;
malgré leur simplicité, on les prétendait grandes
dames ; en dépit de leur dénument, on dénonçait
leur richesse. Un grief plus grave était fondé sur
les méfiances qu'éveillaient, dans une bonne partie
du clergé, la personne et les idées de M. Combalot ;
on le soupçonnait de vouloir donner à sa congrégation, par rapport à l'autorité épiscopale, l'esprit
d'indépendance qui marquait sa propre conduite.
La Mère Eugénie, très troublée d'un reproche
qu'elle était bien résolue à ne pas mériter, suppliait
son directeur d'éviter tout ce qui pourrait y fournir
matière. Celui-ci semblait, au contraire, prendre
plaisir à bien établir qu'on ne le calomniait pas
en lui prêtant de telles intentions. Il annonce tout
à coup, dans les premiers mois de 1841, qu'il a
résolu d'envoyer directement au Pape les constitutions de la nouvelle congrégation, en en demandant l'approbation, et, dans ce dessein, il prescrit
qu'on lui en envoie sans retard une copie très nette.
Or, ces constitutions n'étaient même pas achevées,
on les avait à peine expérimentées, et surtout elles
n'avaient pas été soumises à l'archevêque de Paris,
qui avait recommandé de ne pas se presser en
semblable matière, « de ne rien décider sans l'expérience, cette maîtresse des sages décisions. » La
Mère Eugénie, épouvantée, se hâte de signaler le
danger d'une démarche qui, en blessant grave-
ment le prélat jusqu'alors bienveillant, compro-
mettrait l'existence d'une fondation encore si

précaire et si contestée. M. Combalot consent à suspendre son envoi, mais en reprochant à la Mère sa prudence excessive et ses inquiétudes toujours renaissantes.

IV

Une telle situation ne pouvait se prolonger. Au commencement d'avril 1841, la Mère Eugénie a occasion d'aller à l'archevêché pour une affaire ; Mgr. Affre la reçoit avec bonté ; mais tout en l'assurant de l'intérêt qu'il porte à l'œuvre, il témoigne de quelque inquiétude au sujet de l'abbé Combalot ; il le connaissait d'autant mieux qu'il venait d'essayer de se l'attacher comme vicaire général, et avait dû s'en séparer au bout de quelques semaines. « Vous n'êtes pas, dit-il, constituées sous une autorité régulière et vous avez un Père qui a la tête bien vive. — Hélas ! Monseigneur, que Votre Grandeur nous permette de lui dire que nous le savons encore mieux qu'Elle ; mais nous sommes les filles soumises de la sainte Église, nous ne demandons qu'à lui obéir. — S'il en est ainsi, nous pourrons arranger les choses. Quand M. Combalot sera de retour, je lui dirai qu'il est désirable que vous rentriez sous l'autorité régulière et que je suis disposé à vous donner un supérieur afin que vous releviez de l'ordinaire ».

Quelques jours après, l'archevêque fit part de son projet à M. Combalot. Celui-ci l'interrompt vivement : « Tant que je vivrai, dit-il, mes filles n'auront pas d'autre supérieur que moi ». Il vient, aussitôt après, annoncer à ses filles que, pour conserver son autorité sur elles, il a résolu de les emmener en Bretagne, dans un château mis à sa disposition. Les religieuses, surprises, effrayées, ne se montrent nullement disposées à un tel exode ; la Sœur Thérèse-Emmanuel se fait leur interprète ; la Mère Eugénie, qui pense de même, a gardé le silence par crainte d'un éclat. M. Combalot se retire sans conclure ; mais, ayant deviné que la Mère n'est pas de son avis, il met tout en œuvre pour miner son influence et séparer d'elle les autres religieuses. Quelques jours après, le 3 mai 1841, il réunit celles-ci sans la supérieure et leur présente de nouveau la nécessité d'échapper à l'archevêque en s'éloignant de Paris ; il demande une décision immédiate. C'est encore Sœur Thérèse-Emmanuel qui répond au nom des Sœurs : elle déclare, avec une fermeté triste, que se soustraire à l'autorité de l'ordinaire serait la ruine de l'œuvre ; que, d'ailleurs, aucune d'elles ne consentirait à se séparer de leur Mère. M. Combalot, atterré, demande ses livres, ses lettres, et se retire, en disant qu'il ne reverra jamais les Sœurs. Le lendemain, la Mère Eugénie, et la Sœur Thérèse-Emmanuel s'étant présentées chez lui, il refuse de les recevoir. Le soir même, il partait pour Rome, où sa mobile nature devait être bientôt distraite par d'autres pensées. Du moins, avant de partir, a-t-il écrit à l'archevêque de Paris, pour lui remettre ses filles, une lettre plus louable que n'avait été sa conduite. Le prélat accepte ce dépôt, déclare prendre la jeune communauté sous sa protection et lui donne pour supérieur canonique un de ses grands vicaires, Mgr Gros.

Si consolée qu'elle doive être par la bienveillance de l'archevêque, la Mère Eugénie est triste. De cette rupture, elle sort le cœur meurtri, et écrit dans ses notes intimes :

« Je n'ose pas m'avouer à moi-même l'état où me laisse tout ce qui vient de se passer. Mon âme est si triste que j'ai à la fois besoin d'encouragement pour l'œuvre et pour moi... La volonté de Dieu soit faite ! Je voudrais avoir l'espérance de voir M. Combalot sortir de la ligne d'absolue séparation où il est entré. Je ne me croyais pas capable d'en éprouver ce que je sens. Je pleure comme un enfant, et, au lieu du détachement où je croyais être, je finis par voir que je lui étais plus attachée qu'il ne l'était lui-même à notre œuvre. Depuis hier, je cherche, en mon esprit, comment j'aurais pu éviter cette séparation, ce que j'aurais pu sacrifier pour lui laisser la supériorité et cependant tenir la maison dans la règle... Quand je prie, je pleure encore, et je vois là combien je suis plus faible que je ne parais ni ne voudrais. »

La jeune supérieure souffre de n'avoir plus de direction ; elle a soif d'obéir. Or aucun prêtre sur lequel elle puisse s'appuyer. Mgr Gros n'est qu'un supérieur *pro forma* ; il a accepté ce titre par déférence pour l'archevêque, mais a peu de confiance dans l'œuvre et n'entend nullement la prendre en main. Dans cette solitude morale, la Mère Eugénie essaye de se tourner vers le P. Lacordaire, dont la parole a eu autrefois une influence décisive sur sa vie ; celui-ci vient de rentrer en France, revêtu du froc blanc des Frères Prêcheurs, et s'occupe à rétablir cet ordre en France. Elle lui dit la peur que lui inspire son « indépendance ». « Qu'il y a de danger, écrit-elle, à marcher si solitaire qu'on puisse être tenté de se dire : Je me suffis ! J'ai peur de mon orgueil, j'ai peur de me tromper, en ne laissant à personne la connaissance de mes défauts, avec l'autorité d'exiger qu'ils disparaissent ». Elle n'ignore pas sans doute combien le P. Lacordaire est occupé : « Je me suis dit que vous aviez peu de temps à donner, mais il me faut plus de confiance que de temps, car Dieu m'est témoin que je cherche de la force plutôt que de la consolation, et pourvu qu'on me trace ma route, je ne demande pas qu'on m'y accompagne à chaque pas. » Ce touchant appel n'a pas grand résultat. Le P. Lacordaire se déclare prêt à répondre aux questions particulières qui lui seront posées, mais il est trop absorbé par les affaires de son ordre, pour se charger d'une direction suivie.

Cette supérieure, qui n'a pas alors vingt-quatre ans, demeure donc réduite à ses propres forces pour surmonter les difficultés d'une fondation nouvelle, difficultés grandies par la récente crise. Sur elle uniquement reposent l'existence et l'avenir de cette communauté encore si fragile, si précaire, comptant à peine six jeunes filles qui n'ont pas même fait leurs vœux. A elle d'empêcher que la petite cohorte ne soit troublée, divisée, désorientée par cette secousse ; à elle surtout d'avoir raison des suspicions accrues du dehors. Eh bien, si seule qu'elle soit, si inexpérimentée qu'elle doive être, elle suffira à tout.

Dès la fin de 1841, en une circonstance particulièrement grave et périlleuse, elle montre ce qu'elle est et ce qu'elle peut. Depuis quelque temps, il apparaissait, à divers symptômes, que des influences hostiles à « l'Assomption » agissaient autour de l'archevêque. Le supérieur officiel, Mgr Gros, les subissait. Il s'inquiétait de voir que la communauté ne se développait pas, que les quelques postulantes qui se présentaient étaient rebutées par la pauvreté des Sœurs, par leurs habitudes austères et surtout par leur isolement ; il doutait de l'avenir de l'œuvre et de son utilité. « Que font là ces dix jeunes filles ? lui demandait-on souvent. Si elles veulent être religieuses, pourquoi ne pas entrer dans un ordre déjà fondé ? » Au fond, il était fort porté à donner raison à ceux qui lui tenaient ce langage. Dans les visites qu'il faisait à la petite maison de la rue de Vaugirard, il se montrait chaque jour plus « froid » et plus « sec ». Visiblement, de ce côté, une crise se préparait. La jeune Mère en est émue, non découragée. Une de ses Sœurs a dû s'absenter pour raison de famille ; elle se hâte de la rappeler. Voyez de quel accent est son appel :

« Ma chère fille, il faut maintenant que je vous presse de revenir, car je prévois que nous pouvons avoir des peines dans lesquelles notre nombre fera seul notre force, en nous remettant en pleine régularité. Ceci n'est que pour vous, mais des influences fâcheuses entourent l'archevêque...

« J'espère, ma chère fille, que vous verrez que je vous connais, et que j'ai l'estime de votre courage et de votre affection, puisque je ne vous donne d'autre raison de revenir plus vite, sinon qu'il y a de la peine à avoir, et qu'il faut que vous nous aidiez à la porter. En apprenant ce qui se disait contre nous, j'en ai eu le cœur gros au premier abord ; mais je pense qu'il faut être marqué au sceau de la croix, pour l'être à celui de l'élection, et qu'il faut qu'une œuvre soit éprouvée, pour être sainte.

« Je suis très calme maintenant et abandonnée à Dieu, pour nous guider en tout chemin et nous tirer des embarras que peuvent nous susciter des paroles inconsidérées et malveillantes. Faisons provision d'humilité, de confiance en Dieu, et nous sortirons toujours victorieuses. Il y a quelque consolation à songer que nulle œuvre n'a été si pauvre de secours humain que la nôtre. Comme Notre-Seigneur dans le conseil des Juifs, nous n'avons pas un prêtre pour porter la parole pour nous ; il faut faire parler le témoignage de notre patience. Venez donc, ma chère fille, et que votre esprit calme et ferme me serve d'appui. Je vous appelle, ou plutôt Jésus vous appelle, du repos au combat, de l'estime au mépris, de la consolation à la peine ; mais qu'importe ! c'est la voix de l'Époux, il faut se lever dès qu'on l'entend ».

Peu après, dans les premiers jours de novembre 1841, la crise prévue éclate. Mgr Gros, qui a annoncé sa visite, vient exposer ouvertement à la Mère Eugénie ses préoccupations et ses vues qui ne tendent à rien moins qu'à la suppression de « l'Assomption » et à la dispersion des Sœurs dans des ordres existants : la Mère pourrait aller à la Visitation pour laquelle elle a témoigné des sympathies ; chacune de ses compagnes choisirait l'ordre qui lui conviendrait le mieux. Ne semble-t-il pas, cette fois, que tout soit perdu ? La Mère demande à réfléchir avant de répondre. Après avoir prié et consulté les autres Sœurs, elle prend la plume et écrit une longue lettre, admirablement rédigée, que son étendue ne nous permet pas de reproduire ici et qui perdrait trop à être citée par fragments. Elle y rappelle à Mgr Gros les circonstances de sa vocation, définit le but de l'œuvre entreprise, justifie les règles adoptées, précise en quoi la congrégation nouvelle diffère des anciennes et répond à un besoin du temps, le tout avec tant de force et de mesure, d'élévation et de simplicité, de dignité et de modestie, avec des signes si manifestes de sa supériorité humaine et de sa conformité à la volonté divine, que du coup Mgr Gros est absolument retourné. « Toutes vos vues, se hâte-t-il de lui répondre le 7 novembre 1841, sont chrétiennes, religieuses, estimables. Je ne peux que remercier Dieu des grâces qu'il vous a faites et de celles que bien sûrement il vous ménage pour l'avenir. Ne pensez plus à rien de ce que je vous ai dit... Point d'inquiétude sur votre vocation, sur votre destinée ; confiance en Monseigneur qui vous porte un sincère intérêt. »

V

Grâce à sa jeune supérieure, « l'Assomption » naissante est victorieusement sortie d'une crise où elle semblait devoir succomber. Ses œuvres vont commencer. Au courant de 1842, elle se transporte dans le quartier du Panthéon, pour y ouvrir son premier pensionnat. La tâche demeure lourde et difficile pour celle qui doit porter à elle

seule le poids du gouvernement. « Je vous avoue,
écrit-elle en cette même année 1842, que j'attribue
la fatigue que j'éprouve aux peines extrêmes et à
la charge qui a été mise sur moi, si jeune d'âge et
de vertu ; car cette charge est plus qu'une supériorité, c'est une fondation et une fondation sans
fondateur. » Toutefois elle ne s'abandonne pas :
elle s'applique déjà une parole qui la frappera
plus tard dans saint Ignace, comme « une vraie
parole de fondateur », c'est « que, quand on est
chargé de quelque chose dans l'Eglise de Dieu, il
faut ne se croire capable de rien et agir comme si
on pouvait tout. »

Du premier jour, elle a une vue très nette du
but de sa congrégation, des caractères qui doivent
la distinguer des autres ordres, des besoins actuels
auxquels elle a mission de satisfaire. Qu'il s'agisse
de la formation des Sœurs ou de l'éducation à
donner aux pensionnaires, elle fixe tout de suite
les principes d'une main si sûre, que les religieuses de l'Assomption, encore aujourd'hui, ne
cherchent pas ailleurs leurs règles de conduite.
Avec quel mélange touchant de modestie et d'autorité elle assume ce rôle, on peut en juger par le
début d'une de ses premières instructions :

« Je n'ai ni l'instruction ni l'expérience qui seraient nécessaires. Mais ce qui lève toute difficulté, c'est que j'agis pour accomplir un devoir.
Vous savez combien je crois fermement que Dieu
donne à tous les êtres ce dont ils ont besoin pour
accomplir leur devoir. J'espère que le bon Dieu
vous prouvera aussi la puissance de la bonne volonté en donnant quelque utilité aux paroles qu'Il

veut que je vous dise. Car je suis votre mère, mes très chères filles, nul ne peut me suppléer auprès de vous... »

Elle ne se contente pas de poser des principes et de formuler des programmes, elle exerce cette action vivante, cette direction personnelle qui est la partie la plus efficace du gouvernement, toute à tous, consolant celle qui souffre, relevant celle qui se décourage, calmant celle qui s'agite, trouvant lumière pour conseiller avec une rare sagesse celle qui est appelée aux voies de la haute mysticité, se faisant du reste une loi de respecter en chacune de ses filles, « la liberté d'esprit qui lui laisse le caractère de sa grâce. » Par toutes, malgré l'égalité d'âge, son autorité est acceptée avec une filiale soumission et une confiance absolue. Ajoutez sa grande bonté, cette bonté qui la fait, par exemple, courir aux Eaux-Bonnes pour assister, avec toutes les délicates tendresses d'une mère, une jeune Sœur se mourant de la poitrine. « Personne, lui écrit un de ses correspondants, n'est pacifiante comme vous, personne ne console comme vous ».

Elle veut, pour ses compagnes, une formation spirituelle d'autant plus forte, d'autant plus sévère que, pour attirer les familles qui répugnaient aux formes monastiques des anciens couvents, l' « Assomption » a supprimé les grilles et permet à ses religieuses d'avoir, dans leurs manières, dans leurs rapports avec le monde et jusque dans leur costume, je ne sais quoi de plus naturel, de plus ouvert, de plus plaisant. De là des prescrip-

tions d'oraison, d'offices, de pénitences corporelles, qui sembleraient presque d'un ordre con-
templatif. Aussi bien la supérieure définit-elle
ainsi le but à atteindre : « La vie contemplative
éclairée par les études religieuses et principe
d'une vie active de foi, de zèle, de liberté d'esprit ».
Cette pensée apparaît bien dans la fermeté avec
laquelle, en dépit des objections faites par beaucoup d'amis, elle maintient la récitation du grand
Office canonial, pour lequel, dès l'origine, la jeune
communauté a éprouvé un vif attrait. Vainement
Mgr Affre et beaucoup d'autres lui représentent-ils
que cette récitation sera incompatible avec l'action
extérieure d'une congrégation enseignante, elle
tient bon : « Notre vocation à nous, dit-elle, est de
joindre la prière à l'action. » Elle jugerait dangereux de « chercher dans l'absence de certains
liens religieux, une plus grande liberté d'action,
plus de temps pour les maîtresses ». « Je n'hési-
terai jamais, dit-elle, à préférer à cette liberté, la
fatigue et l'assujettissement des pratiques journa-
lières qui nous ramènent ainsi forcément à l'esprit
de notre état. »

Sur la spiritualité à donner à ses filles, elle a
des idées à elle, par quelque côté neuves, qui
étonnaient certains membres du clergé, mais qui
semblent singulièrement viriles et généreuses.
Elle s'en explique dans une lettre au P. Lacordaire, qui vaut d'être citée avec quelque étendue :

« Je vais vous parler très simplement, mon
Père ; je trouve qu'il est rare que l'on enseigne le
christianisme tel qu'il me paraît être. Une fois

arrivées dans les voies mystiques, on s'étonne que les âmes ne soient pas désintéressées, et d'ordinaire on les a enseignées, depuis le commencement, en sens inverse du désintéressement. Ici, je dois dire les choses comme je les comprends, et je vous avoue qu'il n'y a pas d'âme si imparfaite que j'aie pu me résoudre à conduire par la seule crainte de ne pas faire son salut, et l'occupation continuelle de son sort personnel dans l'éternité...

« Je crois qu'il faut faire comprendre aux âmes que le fond du christianisme étant le sacrifice de Celui qui, comme dit sainte Gertrude, « quitta toute sa béatitude pour venir chercher les travaux », la fin d'une telle religion n'est pas de nous attacher seulement à chercher, par tous les moyens, notre béatitude éternelle, mais de nous attacher aussi à chercher en quoi Dieu peut se servir de nous pour la diffusion et la réalisation de son Évangile... Les âmes ainsi conduites, une fois arrivées dans les voies élevées de l'oraison, auront, il me semble, moins de peine que les autres à ne pas prendre leur jouissance pour but, à éviter en tous temps les scrupules, à s'abandonner à Dieu, à vouloir ses desseins inconnus.

« C'est à ce fond que j'attribue le mieux que notre confesseur trouve chez nous ; mais il n'est pas habitué à ce fond, ni lui, ni nos supérieurs, ni personne, pour ainsi dire ; et, quoique ces idées soient très chrétiennes, elles portent, aux yeux du clergé, un caractère de nouveauté, et même elles inquiètent...

« Que ces idées n'aient été formulées que de nos jours et peu formulées encore, c'est tout simple ; le besoin n'y était pas, et c'est la marche du dogme chrétien d'être mieux saisi, compris avec plus de plénitude à mesure que la marche des

temps complète l'éducation humaine. Dans les
saints des premiers siècles, il est facile de montrer
beaucoup du dogme juif, des idées anciennes sur
Dieu. L'action chrétienne, telle que nous la com-
prenons aujourd'hui, n'était pas possible sur la
société romaine. Il fallait s'isoler, expier, prier,
apprendre à souffrir en un temps où la foi était
« débitrice du martyre ». D'âge en âge, le type des
saints a changé ; il changera encore, et c'est la
raison pour laquelle il faut toujours à l'Eglise de
nouveaux ordres religieux.

« Quoique je n'aie pas toujours compris ces
pensées avec la clarté qui résulte aujourd'hui
pour moi de l'effort fait pour les développer en
pratique, et plus encore peut-être du fréquent
contact de toutes sortes d'idées opposées, elles ont
toujours dominé mon christianisme et particulièrement ma vocation religieuse. C'est en les enten-
dant pour la première fois, à Notre-Dame, que je
me suis sentie pressée d'apporter aussi mon grain
de poussière dans l'édifice, la goutte de sang de
mon sacrifice dans le combat. Le plus difficile,
depuis, pour moi, a été de tout harmoniser à ce
point de vue : oraison, vie intérieure, action sur
les autres, pensées et sentiments... »

La supérieure comprend la nécessité de donner
aux élèves une instruction plus étendue, plus
moderne, qu'on ne l'avait jusqu'alors dans les
couvents, mais elle met en garde contre tout ce
qui est notion superficielle. « Bien loin, dit-elle,
de penser que l'éducation des femmes doit se
composer de superficiel, je crois que c'est ce dont
elle peut se passer, puisqu'elles sont appelées à
avoir les avantages de l'instruction et non la répu-

tation d'en avoir. » Que « ses enfants n'aient pas beaucoup d'imagination », elle s'en console ; elle tient davantage à ce qu'elles « aient beaucoup de sérieux dans les pensées. » Elle se préoccupe moins de la quantité de choses qu'elles peuvent se mettre dans l'esprit, que de « la trempe de cet esprit, du caractère propre qui lui est donné ». Surtout elle estime que plus les études sont poussées loin, plus il importe que « le christianisme les remplisse. » Là encore, elle a horreur de ce qui ne serait que superficiel, de la piété purement sentimentale et imaginative. Elle rappelle aux Sœurs qu'il ne suffit pas de « donner aux enfants des habitudes de piété extérieure et de les préserver du mal tandis qu'ils sont entre leurs mains » ; il faut les armer pour les combats de la vie. Loin de croire que la dévotion puisse suppléer aux vertus naturelles, elle aime à rappeler que ces dernières doivent servir de base aux vertus surnaturelles ; elle dit noblement, à ce sujet :

« Il faut veiller, prier, faire effort pour rendre nos enfants franches, simples, loyales, pour développer en elles la bonté, la modestie, la générosité, le courage, un grand sentiment du devoir et de l'honneur qui les tienne éloignées de tout mal. Sur ce fondement, la grâce vient ensuite et produit des effets merveilleux. »

La sagesse et la mesure, qui sont les qualités maîtresses de son esprit, apparaissent dans la manière dont elle traite le sujet délicat des vocations religieuses chez les élèves :

« Dieu a des desseins divers sur les âmes ; ce

qui est à désirer, c'est que chacun les accomplisse. En soi, notre état est plus parfait, mais pour ceux-là seulement qui y sont appelés ; on peut, du reste, être plus parfait ailleurs. Le dernier but de nos efforts, ce n'est donc pas de faire des âmes de religieuses, car ce choix doit être laissé à Dieu et ne dépend que de lui. C'est encore moins de sanctifier les âmes par les pratiques qui nous sanctifient nous-mêmes, car ces pratiques dépendent de notre état et ne nous sanctifient que parce qu'elles sont, pour nous, l'accomplissement de la volonté de Dieu, une chose placée dans l'ordre de nos devoirs ; mais c'est, je le redis encore, de tirer le plus possible les âmes de leur égoïsme naturel, pour les dévouer sans réserve à l'accomplissement de la volonté de Dieu, c'est-à-dire à tout ce qui est bon, saint et généreux, à tous les devoirs, grands et petits, à tout ce que l'amour de la vertu commande.

« Je vous dirai même, quelles que soient les apparences de vocation religieuse, n'élevez jamais une jeune fille dans cette pensée seule, préparez-la toujours à des devoirs différents ; parlez-lui le même langage qu'aux autres, enseignez-lui ce qu'elle n'aurait même besoin de savoir que dans la vie du monde ; car, d'un côté, les jeunes filles ne sont pas précisément invariables, et vous, vous pourriez bien juger de sa vocation par le désir que vous en auriez, ce que je voudrais pourtant bien qui ne fût pas, afin que les marques d'élection divine fussent seules consultées par vous dans les conseils que vous pourrez être appelées à donner. D'un autre côté, en admettant que Dieu se soit vraiment réservé l'enfant en qui vous auriez cru remarquer des signes de vocation religieuse, en admettant qu'elle soit fidèle et arrive à porter le voile sacré, vous lui aurez encore rendu service en lui faisant emporter dans le cloître l'idée réelle du rôle difficile réservé à la femme chrétienne dans le monde. »

Si occupée qu'elle soit de sa lourde charge, la jeune Mère ne peut cependant y renfermer son esprit ; il ne lui suffit pas de préparer le règne de Dieu dans son âme ou dans celle de ses filles ; elle a besoin de s'intéresser à tout ce qui regarde le règne de Dieu dans le monde. Parfois elle se pose une sorte de cas de conscience au sujet de cette disposition de sa nature. « M'en détourner, écrit-elle, en me disant que cela ne me regarde pas, c'est agir à la Sancho Pança. Bannir tout cela pour être meilleur chrétien, cela me choque, et il y aurait danger pour moi à me persuader que l'âme chrétienne devient de plus en plus indifférente à tout ce qui est d'un ordre général, et qui ne la touche pas directement. » Elle ne comprend pas « qu'on engage l'homme à se séparer des autres pour avoir moins de distractions, pour être plus libre de tendre à Dieu » ; elle ne comprend pas davantage que cet homme « se porte de lui-même au dégoût des êtres, des choses matérielles même, qui après tout sont faites pour Dieu et destinées de Dieu à quelque chose ». Aussi est-elle « enchantée » d'avoir trouvé par hasard ce mot de Gerson, à propos d'un mystique de son temps : *cujus radix est error stoïcorum ponentium virtutes esse in insensibilitate.*

La générosité, la largeur, sont donc bien sa note dominante : elle a horreur des étroitesses et des violences de l'esprit de parti. Dans les questions qui divisaient les catholiques, elle avait ses préférences personnelles, mais elle rendait justice à tous, n'excluait personne, était en confiance avec les grands chrétiens de toutes les écoles. De même, elle restait en rapports affectueux avec les divers ordres religieux, sans s'inféoder à aucun ; pour les retraites de ses Sœurs, elle aimait à varier les prédicateurs ; tantôt elle faisait donner les Exercices dans toute leur rigueur par un Jésuite, tantôt elle appelait des religieux plus libres dans leur forme et leur méthode ; elle modifiait également le choix des livres de spiritualité selon la nature ou les besoins actuels de chaque Sœur. « Je ne sais pas pourquoi, disait-elle plus tard, il y a des gens qui ne peuvent voir les choses que d'un seul côté. Il semble qu'il n'y ait de place dans leur tête que pour une seule idée ; tout leur est personnel ; ils ne peuvent rien recevoir des autres. Cela m'étonne toujours, car enfin, on peut comprendre les idées des autres, sans les partager absolument ; on a même parfois beaucoup à gagner dans des communications réciproques. Pour moi, j'ai beaucoup reçu de cette manière, et il me semble qu'il y a toujours dans ma tête de la place pour recevoir ».

Je ne serais pas complet si je n'ajoutais que cette femme, si supérieure dans l'action, était aussi une âme intérieure, très occupée de sa sanctification. Sa piété était grave et austère. Tel était son goût des pénitences corporelles que, quand son directeur voulait la punir, il ne trouvait rien de mieux que de les lui interdire pendant quelque temps. Personne ne comprenait davantage le prix et l'efficacité de la souffrance; personne ne l'acceptait ni ne la désirait plus généreusement. Dès la fin de 1841 elle écrivait au sortir d'une retraite :

« J'ai un désir de devenir *sainte* qui est toute ma préoccupation ; je me le reproche presque comme de l'orgueil... Mais, avec ce désir jaloux de sainteté, je sens une violente répugnance aux moyens de l'être ; tantôt je ne veux pas les souffrances que les saints ont endurées; tantôt je me raille de mon désir d'arriver où ils sont arrivés.

« En cette retraite, à la vue de ma misère, seule à seule avec mon Dieu, je l'ai supplié de me crucifier ; je le répète sans cesse : *Pati et contemni pro te.* N'ayant en moi d'élément pour aucune autre espèce de bien, je lui demandais cela avec passion : oui, toutes les souffrances de l'âme, du corps, de la volonté, de l'humiliation, rien de doux dans ma vie, mais qu'Il en soit le prix. »

La jeune supérieure a trouvé, depuis 1842, en l'abbé d'Alzon, un directeur spirituel qui, de Nîmes où il résidait habituellement, consentait à la mener, sans timidité et sans ménagement, dans cette voie sanglante du sacrifice. « Etre bourreau, écrivait-il, à sa pénitente, ne me convient pas ; mais être pontife me convient très-fort, et puisque tous les jours j'immole Jésus-Christ, je vous préviens que c'est avec bonheur que je vous crucifierai, de la manière que je crucifie Notre-Seigneur, et que je ferai couler le sang de votre volonté dans le calice où mes paroles font couler le sang de mon

Dieu ». Ce langage plaît à la jeune Mère. « Il y a dans votre direction, répond-elle, quelque chose qui sympathise avec les vues les plus larges, avec le mépris de la sagesse naturelle, avec ce que j'appelle une sorte de luxe au service de Dieu. Ce que j'ai trouvé de plus dur dans votre langage, je l'ai cependant trouvé juste, et un sens intérieur est ouvert pour vous entendre lorsque vous voulez que j'apprenne à souffrir... Là encore, je puis avoir de la lâcheté, jamais la velléité d'un blâme. »

La Mère Eugénie est toujours demeurée pieusement reconnaissante à l'abbé d'Alzon du secours qu'elle avait trouvé auprès de lui, à l'heure où elle était toute désemparée par le départ de M. Combalot. Toutefois, il importe de noter que M. d'Alzon fut directeur personnel de la Mère, nullement supérieur de la congrégation qui demeurait entièrement sous le gouvernement de la fondatrice. D'ailleurs, le même phénomène qui s'était produit avec M. Combalot, se renouvelait avec M. d'Alzon : si humble, si déférente que se montre la pénitente, on la voit souvent devenir tout naturellement la conseillère de son directeur, ce dont celui-ci la remercie vivement. « Votre lettre, lui écrit-il un jour, est venue fort à propos pour me remonter un peu ; elle m'a valu un bien bon sermon ; faites m'en souvent de la sorte. » Une autre fois, il parle de « son profond sentiment de reconnaissance pour tout le bien qu'elle lui a fait. » Ce renversement des situations respectives est plus visible encore quand, après 1844, l'abbé d'Alzon a l'idée de fonder à son tour une congrégation, une

« Assomption d'hommes ». C'est la Mère Eugénie qu'il consulte sans cesse ; c'est à elle qu'il demande un programme et des conseils sur les moyens d'exécution. Plus d'une fois, la jeune sagesse de la religieuse apparaît un correctif utile de l'ardeur généreuse, mais un peu mobile de M. d'Alzon. Celui-ci est le premier à le reconnaître. Il fera avant de mourir un dossier à part des lettres que la Mère lui a adressées sur ce sujet, et il les recommandera à ses fils comme constituant les documents les plus précieux sur la fondation de leur ordre.

Après s'être longuement étendu sur les premiers rapports de la Mère Eugénie avec M. d'Alzon, le second volume des *Origines de l'Assomption* s'arrête en 1845, au moment où le pensionnat, devenu plus nombreux, est transporté, avec le noviciat, dans un vaste terrain, à Chaillot. Ce n'est pas sans doute tout ce que l'on tirera des archives de l' « Assomption », et ces premiers volumes appellent une suite. Le gouvernement de la Mère Eugénie s'est prolongé encore plus d'un demi-siècle. Durant ce temps, elle est demeurée l'âme de sa congrégation, présidant aux essaimages successifs qui la répandaient dans les pays les plus divers, inspirant de plus en plus à tous ceux qui l'approchaient le sentiment qui faisait écrire à l'évêque de Montauban, après avoir eu communication d'une de ses lettres : « J'ai lu et relu la lettre que vous m'avez envoyée et qui est d'une éminentissime intelligence. Pourquoi le bon Dieu ne nous donne-t-il pas trois ou quatre hommes comme cette admirable femme ? » Un jour vint cependant où l'âge finit par avoir prise sur elle. Trois ans avant de mourir, les ressorts intellectuels dont elle avait tiré un si puissant parti, s'affaiblirent, puis se brisèrent, comme par l'effet d'une usure excessive. Il sembla que Dieu lui redemandait, l'un après l'autre, les dons dont il l'avait comblée. Au premier avertissement, elle voulut se démettre de ses pouvoirs. Elle accepta la ruine progressive de tout son être, avec une sérénité qui ne se démentit pas un moment. On eût dit qu'elle y reconnaissait la consommation de ce sacrifice auquel, dans ses oraisons, elle s'était, de tout temps, si généreusement offerte. Spectacle non sans une tragique grandeur que cette fin inerte d'une vie si active, que ce grand silence d'où l'on sentait s'élever la muette et persévérante prière d'une âme adorant la volonté divine qui l'immolait.

VIII

Mgr d'Hulst et l'apostolat intellectuel (1).

Jeune prêtre, attaché à une paroisse de faubourg, l'abbé d'Hulst s'était d'abord essayé à des œuvres d'apostolat populaire et avait fondé, avec un ami, un internat de jeunes apprentis. Mais vainement y mettait-il tout son entrain et tout son dévouement, il ne se sentait pas dans sa voie, et il se demandait s'il n'avait pas autre chose à faire de son sacerdoce. Les prêtres qui se vouent aujourd'hui aux œuvres sociales et qui, suivant la parole courante, s'efforcent « d'aller au peuple » pour le ramener à Dieu, répondent à l'un des grands besoins de ce temps, et l'on ne saurait trop les louer et les encourager. Toutefois, il est un autre mal que la déchristianisation du peuple, un mal peut-être plus grave encore parce qu'il est la source de tous les autres, c'est la déchristianisation de l'élite pensante, c'est le fossé qui s'est creusé entre la religion et la science. Il est donc, à côté de l'apostolat social, un autre apostolat qui s'impose aux prêtres de notre temps, non à tous, sans doute, mais à quelques-uns d'entre eux particulièrement doués pour cette tâche, c'est l'apostolat intellectuel. Né-

(1) Le *Correspondant* du 25 mai 1912. Voir le tome I de l'ouvrage de Mgr BAUDRILLART : *Mgr D'Hulst*. (Paris, De Gigord, 1912).

cessité d'autant plus pressante, qu'après les ruines de la Révolution, le clergé français, absorbé par les travaux de son ministère ecclésiastique, ayant même peine à y suffire, s'était forcément laissé distancer, dans le domaine de la haute culture, par la science profane et souvent irréligieuse.

C'est de cet apostolat intellectuel que le jeune abbé d'Hulst comprenait l'importance et ressentait l'attrait. Dieu qui l'y destinait lui ouvrit le chemin qui devait l'y conduire.

En 1872, le cardinal Guibert, de son propre mouvement, l'appela auprès de lui, à un poste de confiance. Ce n'était pas dans le dessein de lui fournir l'occasion d'un apostolat intellectuel ; la pensée du cardinal était d'initier son jeune collaborateur au gouvernement et à l'administration ecclésiastiques, pour le préparer à l'épiscopat. Mais, en 1875, un événement se produit qui bouleverse ces projets et ouvre à l'abbé d'Hulst un champ d'action tout différent de celui auquel songeait le vieil archevêque : l'Assemblée nationale vote la loi qui consacre la liberté de l'enseignement supérieur.

Que vont en faire les catholiques ? S'il est relativement facile d'improviser une école primaire, si l'on peut même, à la rigueur, réunir rapidement le personnel nécessaire au fonctionnement d'un collège secondaire, il n'en est pas de même d'un établissement d'enseignement supérieur. L'histoire nous apprend que toutes les grandes universités ont été le produit d'une lente et longue élaboration. Où les catholiques trouveraient-ils, du jour au lendemain, les maîtres ayant les grades, la science et surtout l'expérience nécessaire, d'autant qu'ils ne pouvaient se flatter, en dehors de quelques exceptions, d'attirer à eux, pour une institution nouvelle et d'un avenir incertain, des membres de l'Université? La conduite la plus sage paraissait donc être de ne rien précipiter, de se borner, pour le moment, à développer graduellement l'embryon de haut enseignement que l'on possédait dans l'Ecole des Carmes, de constituer ainsi peu à peu un corps de professeurs, et de n'aborder la fondation d'une université complète, de n'affronter la comparaison avec les établissements de l'Etat, que quand on aurait essayé ses forces, préparé ses armes et formé son personnel.

Mais des considérations d'un autre ordre pesèrent sur la détermination des catholiques. L'Assemblée nationale était à la veille de se dissoudre et tout faisait prévoir que les élections amèneraient une majorité de gauche. De là, au sentiment des hommes politiques, nécessité de prendre possession tout de suite de la liberté conquise ; les vainqueurs du scrutin seraient plus embarrassés pour la retirer, s'ils se trouvaient placés en présence d'un fait accompli. Ces raisons de tactique décidèrent les évêques à passer outre à toutes les objections et à prescrire la constitution immédiate d'une et même de plusieurs universités libres.

La résolution était hardie, peut-être téméraire. Qui en assurera l'exécution au moins pour Paris ? Il n'y a guère à compter sur les évêques : peu d'entre eux se faisaient une idée nette de ce que comportait une telle fondation ; ils étaient d'ailleurs trop occupés dans leurs diocèses pour se charger

de cette entreprise. Ici apparaît l'abbé d'Hulst.
C'est ce jeune prêtre de trente-quatre ans qui,
presque seul, hasarde cette gageure, tente ce tour
de force, de mettre sur pied, en trois mois, une
université avec facultés des lettres, des sciences et
de droit. Tout est à créer, statuts et programme,
installation matérielle, personnel enseignant. Pour
le personnel surtout, les difficultés paraissent in-
surmontables, d'autant que l'abbé d'Hulst comprend la nécessité d'avoir, en face des professeurs
de l'Etat, des hommes de vraie valeur, et qu'il est,
pour cette raison, décidé à écarter plusieurs des
candidats qui s'offraient. Comment attirer ceux
qui seraient désirables, comment décider surtout
des membres de l'Université à briser une carrière
assurée et à accepter une situation diminuée, précaire, alors que les évêques, doutant de l'avenir,
marchandent le traitement à offrir et répugnent à
s'engager pour plus d'une année? Que ce jeune
prêtre ait pu, à force d'énergie, d'adresse, d'action
sur les hommes, d'insistance persuasive, de dévouement communicatif, mettre sur pied, en quelques mois, une université qui, sans être ce qu'on
eût pu avoir avec plus de temps, faisait cependant
bonne figure et contenait, parmi ses maîtres, des
hommes tels que l'abbé Duchesne, l'abbé de
Broglie, MM. de Lapparent, Branly, Lemoine,
Conelly, Merveilleux du Vignaux, Terrat, Claudio
Jannet et bien d'autres que je m'excuse de ne pas
nommer, c'était, pour qui se fait une idée exacte
des difficultés à résoudre, un résultat qui tenait
du prodige.

Restait à mettre en mouvement l'organisme

qu'on venait de constituer. Le cardinal Guibert, qui tenait à conserver dans son archevêché un collaborateur précieux, s'est refusé à laisser nommer l'abbé d'Hulst recteur de l'université nouvelle. On a investi de ces fonctions un prêtre âgé, très respectable, mais de peu d'initiative. Qu'importe? En réalité, c'est l'abbé d'Hulst, membre de la commission exécutive, secrétaire du conseil des évêques, qui fait à peu près tout ; par lui seulement, les questions soulevées ont chance d'aboutir.

Les épreuves ne manquent pas à l'Université naissante. Dès le lendemain des élections de 1876, le parti vainqueur manifeste son hostilité. Le Sénat y fait quelque temps obstacle, mais, en 1880, une loi est votée qui mutile la liberté reconnue en 1875, reprend, pour l'Etat seul, la collation des grades, impose des restrictions nouvelles à l'exercice du droit d'enseignement, et interdit aux établissements libres de prendre le nom d'Université. Ces mesures, et surtout l'esprit dont elles témoignent, les perspectives qu'elles font entrevoir, portent un coup redoutable à une institution encore mal assise. Les familles inquiètes retirent leurs enfants. Les ressources, diminuées, menacent de tarir. Les amis se découragent. Les évêques estiment prudent de se réduire à des proportions plus modestes. Les hommes de guerre savent qu'il est une tâche plus difficile que d'entraîner des troupes à une offensive même téméraire, c'est d'empêcher qu'une retraite ne dégénère en déroute. Telle est la tâche imposée à l'abbé d'Hulst que le cardinal Guibert a enfin laissé nommer recteur.

Il prend le commandement du navire en détresse. Il en est à ne pas savoir s'il se présentera des étudiants à la rentrée. Il s'applique à rassurer les familles, à agir sur l'opinion, à donner du cœur aux professeurs que l'on conserve, et, ce qui lui est plus douloureux, à faire accepter la nécessité de la séparation par ceux qui n'ont plus de place dans les cadres réduits. Il fait face à tout avec une énergie, une souplesse, une promptitude de décision merveilleuses. On a dû carguer les voiles, mais le navire n'a pas sombré, il flotte, et bientôt, sous l'impulsion de son capitaine, il reprend sa marche en avant. En dépit des difficultés sans cesse renaissantes, d'un déficit persistant dans les ressources, de l'appui insuffisant rencontré chez certains évêques qui ne comprennent pas l'importance de l'œuvre, parfois s'en méfient, ou, tout au moins, en laissent volontiers la charge aux autres, le recteur, par ses fécondes initiatives, fait progresser l'Institut catholique; c'est le nom par lequel on a remplacé le titre interdit d'Université. Que, dans cet effort de tous les jours, il y ait eu des heures difficiles et même de douloureuses épreuves, Mgr Baudrillart ne nous le cache pas, mais, ajoute-t-il, rien n'a pu faire perdre confiance à Mgr d'Hulst, ni abattre son courage ; ces souffrances mêmes ont achevé de l'identifier avec son œuvre.

Sous la conduite d'un biographe si informé, si bien placé pour exposer une œuvre dont il devait être l'habile continuateur, j'aimerais à suivre le recteur dans l'exercice de ses fonctions, à montrer avec quelle largeur et quelle élévation il en com-

prenait tous les devoirs. De ces devoirs, il en était
un que, prêtre avant même d'être homme de haute
culture, Mgr d'Hulst ne pouvait négliger ; c'était
l'action à exercer sur la vie religieuse de ses étudiants. Il estimait n'avoir pas seulement à leur
égard charge d'intelligences, il se sentait charge
d'âmes. Comme il savait leur parler, avec quel
accent viril ! Il ne craint pas de proclamer que ce
que l'on appelle la « pratique » ne suffit pas à
constituer le chrétien. « Que de baptisés, s'écrie-
t-il, à qui, pour être chrétiens, il manque surtout
d'être des hommes ! » Et il ajoute :

« J'aperçois une grave erreur dans les conceptions
nouvelles de la vie chrétienne. On la réduit à une
profession de foi extérieure qui n'engage à rien,
ne profite à rien. On est bien pensant, mais on ne
connaît pas la doctrine et on ne l'étudie pas. On
s'approche des sacrements, mais on ne réforme
pas sa vie et l'on ne fait pas honneur à ce qu'on
reçoit. On est du parti religieux, mais on donne
sujet aux adversaires de dire que la religion n'est
qu'un parti et peut être combattue comme telle.
On représente aux yeux du monde la divine vertu
de l'Evangile, et l'on ne vaut pas mieux que ceux
qui représentent le culte des passions humaines. »

Mgr d'Hulst engage ses jeunes auditeurs à « cultiver la piété », mais pour lui « demander des
inspirations généreuses », à « cultiver la vertu »,
mais, « selon le vieux sens du mot *virtus* », qui
signifie « la virilité morale, le courage au service
du bien », puis il continue en ces termes :

« Si vous veniez chercher ici, sous la protection
de l'Eglise, à l'ombre de la bonne renommée qui

s'attache encore aux institutions catholiques, le droit étrange de conquérir les avantages sociaux sans la peine, et l'estime publique sans la vertu ; si, pour tenir lieu des mérites absents, vous ne deviez montrer que des pratiques religieuses devenues stériles en vous par votre faute, oh ! alors, on ne me consolerait pas en m'apprenant que vos rangs grossissent... Il y aurait plus de chrétiens, direz-vous. Oui, mais il y aurait moins de christianisme ».

Si plein de sollicitude qu'il fût pour ses chers étudiants, quelque intérêt qu'il portât à leur culture et à leur sanctification, Mgr d'Hulst regardait encore plus loin et plus haut. Il ne croyait pas que la seule fin d'une Université catholique fût de fabriquer, pour le service de l'Eglise, un certain nombre de licenciés ou de docteurs. Il entendait que son établissement devînt pour les catholiques un grand foyer de vie intellectuelle et scientifique. Il voulait, suivant sa belle parole, « jeter dans le monde qui pense un ferment chrétien ». On me permettra de m'arrêter un moment aux idées qu'il exprimait sur ce sujet. Dans les citations, si intelligemment recueillies à ce propos par Mgr Baudrillart, j'ai été particulièrement intéressé de retrouver les préoccupations, les vues, les aspirations que naguère le biographe de Newman nous révélait dans les notes intimes du grand converti d'outre-Manche. Non, certes, qu'il y ait la moindre ressemblance entre les deux hommes ; l'un aussi pleinement Anglais que l'autre est Français ; celui-là esprit subtil et compliqué, plus occupé d'analyser les idées et d'embrasser toutes les faces d'une

question que de conclure et d'agir ; celui-ci, nature prime-sautière, apte à tout s'assimiler avec
une merveilleuse facilité, prompt, parfois presque
trop prompt, à se décider et à agir. Mais tous deux
ont eu la vue pénétrante des difficultés intellectuelles auxquelles se heurtait le catholicisme dans
la société moderne ; tous deux sentaient combien
il importait de regarder en face ces difficultés, de
les scruter à fond et de les résoudre ; tous deux
enfin avaient l'intelligence sympathique, la sollicitude anxieuse des âmes contemporaines aux
prises avec ces difficultés. Ils comprenaient que,
pour parer à un danger nouveau, il ne suffisait
plus de répéter les vieilles formules, de s'en tenir
aux notions d'hier, qu'il fallait parler un langage
qui eût prise sur les esprits, employer des arguments adaptés aux critiques. Pour cela, les catholiques devaient s'appliquer à reprendre, dans tous
les ordres de science, l'importance dont ils s'étaient
trop souvent laissé déposséder. Dans les sciences
sacrées elles-mêmes, une rénovation était nécessaire ; Mgr Baudrillart résume ainsi, en s'inspirant des idées de Mgr d'Hulst, les critiques adressées à l'enseignement des grands séminaires : « Un
enseignement trop fermé, trop étranger aux préoccupations contemporaines, trop ignorant des méthodes critiques ; une philosophie faite de formules
sans contact apparent avec la pensée moderne ;
une théologie dogmatique, immobilisée dans une
armature vieillie, habituée à plier les textes aux
exigences de la théorie ; une histoire ecclésiastique plus attachée à édifier les lecteurs qu'à établir les faits avec une parfaite exactitude ; une

exégèse enfin atténuée, neutralisée, dissimulant, escamotant même, les plus graves difficultés, pour s'étendre sur des à côtés sans importance. » De là, ajoutait-on, « le discrédit de la science et des savants catholiques ; de là surtout l'insuffisance réelle de la formation des clercs qui sortaient du séminaire peu avertis et mal armés. »

C'est à ce mal que Mgr d'Hulst voulait porter remède par l'Institut catholique. L'œuvre n'était pas sans difficulté ni péril. Il fallait garantir à la fois la liberté nécessaire à la science et l'intégrité de la vérité religieuse fondée sur la révélation. On rencontrait, d'une part, les ombrages de certains théologiens portés à confondre des opinions anciennes avec la vérité essentielle ; d'autre part, les hardiesses, parfois les témérités, des critiques trop dédaigneux du passé, trop séduits par la nouveauté, trop arrogants dans leurs affirmations. On était donc exposé à être dénoncé par les uns, compromis par les autres. Mgr d'Hulst, comme avant lui Newman, n'échappa ni à l'un ni à l'autre de ces deux périls. Il en souffrit grandement. Certes il se fût fait une vie plus tranquille en ne cherchant pas à sortir des vieilles ornières ; mais il eût trahi ainsi ce qu'il considérait être sa mission. Toujours fidèle à sauvegarder la vérité dogmatique, filialement soumis à l'autorité religieuse, prêt à revenir en arrière si celle-ci jugeait qu'il était allé trop loin, il ne se laissait ni troubler par les timidités inquiètes qu'il rencontrait jusque chez certains des évêques protecteurs, ni intimider par des attaques qui, comme il arrive souvent, trouvaient facilement écho dans la presse. Il se consolait et se rassurait en se rappelant cette grande parole que lui avait dite, un jour, Léon XIII : « Il y a des esprits inquiets et chagrins qui pressent les congrégations romaines de se prononcer sur des questions encore douteuses. Je m'y oppose, je les arrête, car il ne faut pas empêcher les savants de travailler. Il faut leur laisser le loisir d'hésiter et même d'errer. La vérité religieuse ne peut qu'y gagner. L'Eglise arrive toujours à temps pour les remettre dans le droit chemin. »

Sur ces questions capitales entre toutes, Mgr Baudrillart a extrait, des écrits ou des discours de Mgr d'Hulst, d'admirables citations qu'on ne saurait trop le remercier d'avoir mises en lumière et qui méritent d'être méditées par tous.

Voici, par exemple, ce que le recteur disait, en 1883, dans son rapport au conseil supérieur des évêques :

« Du train dont vont les choses dans le monde des intelligences, quel est l'avenir prochain de la foi ?... Si le clergé s'endort dans l'indifférence scientifique, ou s'il s'attarde aux conceptions d'un savoir vieilli devenu l'équivalent de l'ignorance ; s'il permet qu'on identifie la cause de la vérité chrétienne avec des assertions désormais insoutenables, il assistera au naufrage de la croyance dans tous les esprits cultivés. C'est de quoi l'impiété savante s'applaudit à l'avance. Et, quand il n'y aura plus de croyance en haut lieu, je demande s'il faut beaucoup compter sur la foi du peuple et sur l'action des lois, du gouvernement et des mœurs, pour rétablir l'équilibre en faveur de l'influence chrétienne dans le monde ?

Si, d'autre part, le clergé se met à la remorque des novateurs, acceptant, toute faite, de leurs mains, une science empoisonnée de préjugés et d'erreurs, ce n'est pas lui qui convertira les incroyants, c'est l'incrédulité qui le gagnera insensiblement. Et l'on verra la tribu sacrée se diviser en deux groupes : les prêtres qui feront cas du savoir et qui perdront à son contact la virginité de la foi, et ceux qui, voulant avant tout rester apôtres, tiendront en suspicion les hautes connaissances.

Donc, il faut créer et entretenir des foyers de science sacrée. Travailler à cela, c'est préparer l'avenir prochain, c'est pourvoir aux nécessités présentes, c'est faire l'œuvre la plus actuelle et la plus prévoyante. »

Dans un autre écrit, où il se pose cette question : *Que vont devenir les Facultés libres ?* Mgr d'Hulst insiste sur la nécessité « d'amener le public catholique à juger de l'importance des questions, d'après celle que leur accordent les gens qui pensent », et il rappelle que « la conservation de la foi dépend de la solution que recevra l'antinomie, passée à l'état d'axiome pour beaucoup de nos contemporains, entre la science et la foi ». L'unique remède à ce mal, dit-il, c'est un enseignement supérieur « dont l'orthodoxie ne coûte rien ni à la valeur des leçons, ni à la hardiesse des recherches, ni à la liberté des méthodes », où « toutes les garanties religieuses se rencontrent avec toutes les garanties scientifiques » et qui soit « un acte de vitalité de la société chrétienne dans l'ordre du haut savoir ». Et il ajoute :

« Prendre résolument sa place dans ce vaste ate-
lier de la science ; emprunter les méthodes nouvelles, mais les manier avec discernement, dans
la sphère qui leur est propre ; n'abjurer du passé
que ses erreurs, garder ses vraies conquêtes, sa
psychologie, sa métaphysique, sa morale, et
rapprocher ces vérités supérieures, patrimoine
antique de la pensée, des vérités nouvellement
acquises par où se grossit son héritage, tel apparaissait à l'avance le rôle glorieux des universités
libres. »

Il montre de quel avantage il est de réunir dans
un même établissement les diverses branches du
haut enseignement. « Vous allumez ainsi, dit-il,
un grand foyer d'activité intellectuelle ; vous for-
mez, de vos professeurs et de vos élèves, comme
une grande famille pensante et chercheuse dont
les membres, doués d'aptitudes variées, appli-
qués à des travaux divers, se prêtent un mutuel
concours. » Il indique ce que gagne la philosophie
« à appeler au secours de ses recherches toutes les
ressources et tous les résultats des sciences d'observation », et il ajoute :

« Cet avantage n'est pas moindre pour la théologie. C'est en multipliant ses points de contact
avec toutes les parties du savoir humain, que la
science sacrée se maintiendra à la hauteur des
nécessités intellectuelles qu'elle doit satisfaire. La
théologie est une métaphysique, il faut qu'elle se
mesure avec toutes les hardiesses de la pensée
contemporaine. Elle est une cosmogonie, il faut
qu'elle puisse supporter le contrôle de toutes les
sciences qui touchent aux origines cosmiques. Elle
est une histoire, il faut qu'elle se plie à toutes les

exigences de la critique, qu'elle s'initie à toutes les délicatesses des méthodes, qu'elle s'empare de tous les résultats acquis. Elle s'appuie sur des textes sacrés, il faut qu'elle soit en état de les défendre par toutes les ressources de la philologie. Elle est enfin et surtout une morale, il faut qu'elle rivalise avec les plus fins moralistes pour analyser les mobiles qui déterminent l'individu dans ses actes ; il faut qu'elle dispute aux politiques, aux économistes, la connaissance des lois qui président au développement des sociétés. Voilà une tâche immense. Quel fardeau ! dira-t-on. Mais non. Cette nécessité de tout savoir n'est pas un fardeau qui accable, c'est une force qui soulève. Nous en avons connu, nous en voyons tous les jours de ces jeunes hommes dont l'enfance a été enfermée dans le cercle restreint d'humanités assez médiocres, dont l'adolescence a appartenu tout entière aux études essentielles et aux pieuses préparations du séminaire, mais que leurs évêques envoient à Paris, dans cette maison des Carmes, qui est comme l'Ecole normale du clergé. D'abord, ils sont comme étourdis de cette activité universelle qui, de toutes parts, sollicite leur esprit. L'immensité de ce champ du savoir semble fatiguer leur regard. Mais quand ils ont fait les premiers pas, tout se simplifie à leurs yeux ; la variété des leçons élargit pour eux les horizons de la pensée, sans y répandre la confusion. On assiste à ce spectacle admirable : des esprits qui s'ouvrent, des convictions qui s'éclairent, des puissances qui se révèlent et grandissent, des serviteurs qui se préparent pour la cause de Dieu et de la vérité. Voilà ce que c'est qu'une Université ! »

C'est sous l'inspiration des mêmes idées et pour

démontrer, par les faits, l'accord possible de la foi
et de la science que Mgr d'Hulst, donnant corps à
une idée de M. Duilhé de Saint-Projet, s'est appliqué à réaliser les « Congrès scientifiques et inter-
nationaux des catholiques ». Ce ne fut pas sans
difficultés. Il se heurtait, là encore, aux dénon-
ciations des uns, à la timidité inquiète des autres,
à l'indifférence de beaucoup. Grâce à l'appui et à
la protection éclairée de Léon XIII, il surmonta
tous les obstacles. Le premier congrès, réuni à
Paris, en 1888, fut suivi, avec un succès grandissant, d'autres congrès tenus à Paris, Bruxelles,
Fribourg, Munich. Tous se sont accordés, en
France et au dehors, à faire honneur de ce succès
à Mgr d'Hulst. Ces congrès étaient vraiment son
œuvre. La preuve en est d'ailleurs que, lui disparu, les congrès n'ont pas tardé à disparaître
également.

On ne saurait trop admirer le mélange de fermeté et de prudence, d'adresse et de franchise par
lequel, en cette circonstance, Mgr d'Hulst est parvenu, contre toutes les oppositions, à faire prévaloir ses idées, limitant son dessein de façon à ne
pas donner ombrage à l'autorité, mais ne crai-
gnant pas d'affronter les préjugés et les étroitesses
qui cherchaient à lui barrer le chemin. Dès le début, dans le remarquable mémoire par lequel il a
conquis la toute-puissante approbation du Souverain Pontife, il s'est appliqué à rassurer les théologiens, en affirmant qu'il s'agissait d'une assemblée de savants, non d'apologistes, que ces savants
ne prétendaient nullement se substituer aux théologiens, qu'ils voulaient seulement « renseigner

ceux-ci sur le mouvement des sciences d'observation et sur celui de la critique historique ».

« Quand on entreprend, dit-il, de montrer qu'il n'y a pas d'opposition entre les vérités scientifiques et les vérités révélées, la première question à poser est celle-ci : Quelles sont les vérités scientifiques ? C'est là le terme variable de la relation ; car l'autre terme, c'est-à-dire le dogme, est invariable. Or, il n'est pas facile au théologien, à l'apologiste, de savoir par lui-même ce qui, dans les assertions des savants, doit être retenu comme certain, ce qui peut être accepté comme plus probable, ce qu'il faut laisser comme douteux, enfin ce qu'on doit rejeter comme faux...

« L'apologiste a besoin d'entendre, sur les faits dont il s'agit, le témoignage de savants vraiment compétents dans chaque partie, mais exempts des préjugés qui aveuglent leurs émules. C'est ce témoignage sincère et prudent que nous voudrions obtenir de chacun des principaux savants catholiques sur l'objet propre de ses études. »

Mgr d'Hulst avertissait loyalement le Saint-Père que ce travail des [congrès démontrerait la caducité de]certaines vieilles idées :

« Tous ceux, disait-il, qui lisent les productions récentes à tous les degrés du savoir, en demeurent effrayés. Aucun principe n'est plus respecté... Mais, dans ce travail audacieux, dans ces négations téméraires, dans ces affirmations souvent absurdes, tout n'est pas erreur ; il s'y mêle des éléments de vérité qu'il serait imprudent de méconnaître. Les sciences physiques et les sciences historiques, ayant perfectionné leurs méthodes, ont acquis une merveilleuse sagacité pour surprendre

les secrets de la nature et ceux du passé de l'homme.
Une chose bien remarquable et très consolante,
c'est que, parmi tant de découvertes, pas un fait
dûment constaté, pas une loi sérieusement établie
ne contredisent nos croyances. Il n'en est pas de
même de certains systèmes longtemps incontestés :
plusieurs de ces conceptions, confrontées soit aux
certitudes, soit aux indications les plus vraisem-
blables de la science, paraissent aujourd'hui difficiles à soutenir. Pareille chose s'est produite à
diverses époques. Chaque fois, on a vu des personnes dévouées à la défense de la vérité s'alar-
mer, comme si le dépôt était menacé ; mais,
chaque fois aussi, l'événement a montré que ces
craintes étaient vaines et que, si quelque chose
avait vieilli dans l'exposition de la doctrine, cet
élément n'avait jamais appartenu à la doctrine
elle-même, mais à l'opinion des hommes.

« Il y a donc un discernement difficile et nécessaire à faire... d'une part, entre ce qui est définitif
et ce qui est purement hypothétique dans les allé-
gations des savants : c'est à cette œuvre que tra-
vaillera notre congrès ; d'autre part, entre les doctrines vraiment traditionnelles dans l'Église et les
théories qui ont régné seulement parce qu'on
n'avait pas jusqu'ici de raison de s'en écarter : ce
sera l'œuvre des théologiens et le congrès n'usur-
pera pas leur tâche.

« Ce double triage est fort délicat. On ne l'achè-
vera pas en un jour... De toutes parts, les intelligences sont en travail ; et si la partie la plus
éclairée des ministres et des enfants de l'Église
n'entre pas dans le courant de ces recherches,
tout se fera contre eux, au grand détriment de la
doctrine qu'ils représentent, qu'ils avaient le devoir
de défendre et que leur inertie aura livrée. »

Tel est le langage sagement hardi qui convainquit Léon XIII et le décida, malgré les alarmes et les critiques de plusieurs, à autoriser et à encourager les congrès. Une fois l'œuvre en train, le succès affirmé, Mgr d'Hulst, dans le congrès de Bruxelles, aux applaudissements des auditeurs, reprenait les mêmes idées et se sentait plus d'autorité encore pour montrer à certains catholiques, plus ardents qu'éclairés, le tort de leur conduite :

« Admettons, dit-il que l'infériorité scientifique du croyant ne tienne pas essentiellement à sa foi ; nierez-vous qu'elle résulte, pour lui, de l'état d'esprit d'un grand nombre de ses coreligionnaires ? Est-ce que la science indépendante n'est pas suspecte à la partie la plus nombreuse, la plus fervente, la plus influente de ce que vous appeliez tout à l'heure l'armée catholique ? Est-ce que la presse religieuse ne surveille pas, avec un zèle parfois plus jaloux qu'éclairé, toutes les manifestations de la pensée ? Et lorsqu'un chrétien sincère veut apporter, dans le travail scientifique, une sincérité pareille, n'a-t-il pas à craindre d'être traqué, dénoncé, brisé ? Si cette crainte est fondée, comment ne sentirait-il pas son cœur défaillir devant une entreprise où il risque sa paix et son honneur ? »

Mgr d'Hulst fait connaître qu'on avait tenté d'éveiller des craintes de ce genre chez les promoteurs des congrès. Ceux-ci n'ont point eu peur. Non que l'orateur se dissimule la difficulté de la tâche :

« Cette difficulté est double, dit-il, d'un côté, Charybde, l'écueil des témérités hétérodoxes. C'est le plus redoutable, j'allais dire le seul redoutable en soi ; car enfin ébranler sa foi et celle des autres, sous prétexte de démontrer qu'elle est solide, est-il pour un chrétien pire disgrâce ? Oui, mais à vouloir l'éviter à tout prix, on risque de tomber sur Scylla, l'écueil des puérilités ou des ignorances qui se couvrent du beau nom de l'orthodoxie. Si, pour qui veut mettre son âme en sûreté, il est dangereux de faire le *minimiste*, pour qui prétend faire honneur à nos croyances, il ne l'est guère moins de *maximiser*. Vous craignez que l'emploi des méthodes scientifiques ne vous entraîne trop loin ; de peur de franchir les bornes, vous aimez mieux vous rejeter en arrière, fermer les yeux et les oreilles, n'écouter que les paroles que vous avez coutume d'entendre ? C'est votre droit, mais alors votre place n'est plus dans les rangs des hommes de science, et, respectant votre prudence, je n'ai qu'un vœu à former, c'est que cette apparente prudence ne devienne pas, à votre insu, la pire des témérités, celle qui consiste à souder la foi à des opinions humaines qu'une erreur commune a pu rendre générales dans le passé parmi les croyants, mais qui n'avaient pas leurs racines dans la révélation et que le mouvement irrésistible de l'esprit humain condamne à disparaître... Je demande aux *maximistes*, si, malgré tout, ils trouvent leur tactique heureuse, de ne prétendre pas l'imposer... Je les prie surtout de ne pas faire de cette exigence une loi d'orthodoxie, de telle sorte qu'à vouloir s'y soustraire, on devienne suspect en matière de foi. »

Mgr d'Hulst tient, du reste, à bien affirmer que, « s'il se plaint des excès des maximistes, il ne recommande pas le minimisme ». Il « trouve dangereuses les deux tendances ». Puis, revenant encore à ceux dont la conduite a pu fournir prétexte

à ceux qui accusent les catholiques d'avoir peur
de la science, il s'écrie :

« Si réellement cet esprit d'intolérance et d'inqui-
sition sans mandat a trop souvent régné chez les
meilleurs d'entre nous, — vous voyez que je ne
parle pas d'eux avec défaveur, — s'ils ont cru de
bonne foi servir la cause de Dieu en multipliant
sans nécessité les difficultés de croire, si le
xix⁰ siècle catholique a eu ses rigoristes, j'allais
dire ses jansénistes de la dogmatique..., il est
temps de renoncer à des errements funestes et de
mieux employer notre zèle. Laissons, Messieurs,
à nos évêques, laissons au souverain pasteur,
parce que c'est là leur mission et leur grâce, le
soin de rappeler ceux qui vont trop loin, et, ces-
sant d'exercer contre nos frères une vigilance
aussi jalouse, déployons-la contre nos ennemis...
Ce n'est pas chez eux qu'on s'endort. »

Je ne m'excuse pas d'avoir prolongé ces citations qui mettent en lumière, dans un de ses côtés
les plus remarquables et les plus originaux, l'action religieuse de Mgr d'Hulst. Les idées qui y
sont exprimées ne sauraient être trop méditées
par les catholiques, et nul ne peut dire qu'elles
n'ont plus leur application. Plus on ira, plus il
deviendra manifeste que celui qui tenait ce langage avait l'intuition des moyens par lesquels
l'autorité religieuse finira, nous l'espérons, par
écarter les difficultés intellectuelles dont tant
d'âmes souffrent aujourd'hui. Nous ne rêvons pas
sans doute, pour notre Eglise, une période de paix
qui n'est pas dans sa destinée ici-bas. Elle aura
toujours des ennemis à combattre. Mais, du moins,

peut-on espérer que ceux qui viendront après nous ne vivront pas toujours sous l'empire des malentendus qui séparent aujourd'hui le catholicisme et la pensée moderne. L'époque de transition, parfois douloureuse, que nous traversons en ce moment, aura une fin. Un jour viendra où, dans tous les ordres de connaissance, les catholiques auront repris le rang que des circonstances malheureuses leur avaient fait perdre, et où il ne sera plus possible aux esprits sincères de prétendre que la science et la foi sont inconciliables. Alors, si quelque historien veut rechercher les noms de ceux qui auront été les initiateurs de cette bienfaisante évolution, il devra citer celui de Mgr d'Hulst.

SECONDE PARTIE
QUESTIONS RELIGIEUSES

I

La liberté pour le concile (1869).

I

Le Césarisme gallican (1).

I

Il est dans notre société religieuse un parti, peu nombreux il est vrai, qui, sans vouloir briser ouvertement avec le catholicisme, ne vit que de déclamations contre les « envahissements des ultramontains », les « machinations des Jésuites » et les « usurpations de la cour romaine; » coalition de vieilles rancunes, de servilité politique, et de susceptibilités étroites et aveugles. Ce parti a depuis peu de temps un organe dans la presse, le journal l'*Etendard*, qui mérite, à ce titre, une attention que ne comporterait pas son peu d'importance politique.

Un tel parti ne serait pas dangereux et pourrait être facilement dédaigné, s'il était livré à ses seules

(1) Journal *Le Français* des 17 et 20 janvier 1869.

forces. Mais un des articles de son symbole est le devoir et le droit pour l'Etat d'intervenir dans les questions religieuses, et, pour qui connaît le faible de tous les gouvernants, il est à craindre que l'Etat ne cède trop souvent aux sollicitations qui lui seront adressées. Nous voulons bien admettre que, dans ces questions, l'*Etendard* ne parle que de lui-même et n'engage que sa propre responsabilité. Toutefois, nous ne voyons pas sans quelque préoccupation, à la veille d'un Concile, soutenir dans un journal qui va d'ordinaire chercher en haut lieu ses inspirations, des thèses aussi dangereuses et aussi menaçantes pour la liberté religieuse.

Voilà pourquoi *le Français* a toujours signalé et combattu ce qu'il a appelé le « césarisme gallican ». *L'Etendard* s'en irrite. Il nous répond par des injures ; et, pour échapper à un nom qui lui convient si bien à tous les égards, il se jette dans les équivoques et affecte de ne pas comprendre ce que nous combattons dans ses doctrines.

Il faut donc le lui expliquer, et, pour ne laisser place à aucun malentendu, avant de dire ce qu'est le césarisme gallican, disons ce qu'il n'est pas.

L'Etendard voudrait donner à entendre qu'il ne fait que défendre contre nous le régime des concordats, et le concordat de 1801 en particulier. C'est une équivoque. Qu'on préfère le régime des concordats à tout autre, pour régler les rapports de l'Eglise et de l'Etat, qu'on regarde le concordat signé par Napoléon comme l'idéal des traités de ce genre, là n'est pas la question. Pour soutenir ces thèses, on ne fait pas acte de césarisme gallican, car tous les droits qu'on reconnaît à l'Etat en matière religieuse lui ont été librement concédés par l'Eglise.

Il est une autre équivoque que nous tenons à dissiper.

On ne saurait nier que, parmi les catholiques, il y ait un double courant d'opinion. Les uns, effrayés par les attaques du dehors, par les divisions du dedans, se sont constitués spécialement les défenseurs de l'unité et de l'autorité. Ils redoutent une variété d'usages qui leur semble un effet ou un moyen d'indépendance ; selon eux, il doit se produire dans l'Eglise un mouvement de centralisation analogue à celui que l'histoire nous montre dans la société politique. Aussi, sans méconnaître les droits des évêques, ils les laissent volontiers dans l'ombre, et s'attachent à mettre dans toute leur lumière ceux de l'évêque des évêques, du Souverain Pontife.

Les autres, fils non moins dévoués de l'Eglise, veulent l'unité, mais ne la confondent pas avec l'uniformité : ils estiment même que la variété des traditions et des coutumes, loin de compromettre cette unité, en fait mieux ressortir la force et lui donne plus de fécondité et de vie. Ils veulent l'autorité ; mais ce n'est pas, à leur avis, en affaiblir la notion ni en énerver l'exercice, que de maintenir énergiquement le droit des évêques, inséparable de celui du Souverain Pontife. C'est pourquoi, inviolablement attachés à la chaire de Pierre, entièrement soumis à ses décrets, ils croient devoir cependant défendre et fortifier l'action du pouvoir épiscopal.

L'Étendard appellerait sans doute les premiers « ultramontains. » Faut-il appeler les seconds « gallicans ? » Nous hésitons à leur donner ce nom ; ce nom a, surtout aujourd'hui que les anciennes controverses sont presque oubliées, peu de sens par lui-même et il a été souvent usurpé par les ennemis de l'Eglise. En tout cas, il ne sont pas des gallicans césariens, car ils ne demandent pas à César de prendre leur défense et de faire triompher leurs doctrines. Le grand souci de ce groupe de catholiques a toujours été de se distinguer des césariens, comme la prétention constante de ces derniers a été de se faire confondre avec les gallicans catholiques et de se couvrir de leur autorité et de leur renommée d'orthodoxie.

Qu'est-ce donc que professer le césarisme gallican ?

C'est reconnaître à l'Etat dans ses rapports avec l'Eglise d'autres droits que ceux qui lui ont été librement concédés par l'Eglise elle-même, et que le droit de police pour maintenir l'ordre public ; c'est demander au pouvoir civil d'intervenir dans des questions de dogme ou de discipline pour faire triompher telle ou telle opinion, empêcher tel ou tel acte de la vie religieuse.

Précisons et donnons des exemples. Nous en trouverons sous tous les régimes. Seule peut-être, la république de 1848 a échappé au césarisme gallican.

L'Assemblée constituante de 1789 a décrété cette constitution civile du clergé, qu'un protestant, M. de Pressensé, a appelée « un grand attentat contre la conscience et la dernière conséquence du nationalisme religieux tel que l'ancienne France l'avait conçu. »

Le premier consul, en violation — non en exécution — du concordat, a par les articles organiques rétabli les appels comme d'abus, obligé les évêques à enseigner dans les séminaires la déclaration de 1682, interdit les conciles réunis sans autorisation du gouvernement, entravé la liberté des rapports des évêques avec Rome, et donné à l'Etat un droit de contrôle et une sorte de *Veto* sur les décisions disciplinaires et même dogmatiques du Souverain-Pontife. Il continuait à obéir au même esprit quand il imposait chaque jour son impérieuse volonté dans les affaires religieuses, quand il allait jusqu'à soumettre les mandements des évêques à la censure des préfets, et s'efforçait de faire du clergé un corps de fonctionnaires et un instrument de règne. Enfin, devenu plus tard persécuteur, spoliateur et geôlier du Pape, Napoléon n'a-t-il pas tenté d'usurper complètement, au nom d'un prétendu gallicanisme, le gouvernement spirituel de la chrétienté, mêlant à d'odieuses violences les plus ridicules prétentions ?

Le gouvernement de la Restauration, si bien disposé d'ordinaire pour la religion, n'a pas toujours su répudier les traditions de ce mauvais gallicanisme. M. Lainé en 1818, M. Corbière en 1824 voulaient imposer aux professeurs des séminaires la promesse qu'ils enseigneraient la déclaration de 1682. En 1820, le conseil d'Etat supprimait un bref du Pape contre les prêtres de la petite Eglise ; et, en 1824, il déclarait abusif un mandement par lequel l'archevêque de Toulouse exprimait le vœu de voir rétablir certaines fêtes. En 1825 et 1826, à l'occasion des procès dirigés contre le *Constitutionnel* ou contre Lamennais, les tribunaux proclamaient la déclaration de 1682 loi de l'Etat, et frappaient ceux qui en critiquaient les doctrines ou en contestaient l'autorité.

Le gouvernement de Juillet, malgré son goût sincère de la liberté, n'a-t-il pas été, au milieu des débats sur la liberté d'enseignement, entraîné à suivre parfois les mêmes errements? M. de Montalembert excitait, en 1843, les murmures de la Chambre des pairs en disant que les évêques désignés et choisis par le roi ne tenaient pas de lui leurs pouvoirs. M. Dupin, en 1844, aux applaudissements de la Chambre des députés, comparait les appels comme d'abus aux décisions d'un conseil de discipline, assimilait à la discipline judiciaire ou militaire la discipline ecclésiastique, et proclamait que celle-ci avait toujours été en grande partie dans les mains du pouvoir politique. Les conciles provinciaux étaient interdits; l'archevêque de Paris ne pouvait même demander par écrit à ses suffragants leur adhésion aux doctrines qu'il avait soutenues, et l'archevêque de Lyon était censuré par le Conseil d'Etat pour avoir condamné les doctrines ultra-gallicanes de M. Dupin.

Enfin, le gouvernement qui nous régit depuis vingt ans, bien qu'il ait à d'autres moments montré plus de respect pour la liberté de l'Eglise, n'a pas toujours su, au milieu des embarras et des entraînements de sa politique italienne, résister aux conseils des gallicans césariens; pour ne citer que deux exemples, en 1862, M. Rouland, un césarien

de la trempe de M. Dupin, a rappelé publiquement
aux évêques convoqués à Rome pour la béatifica-
tion des martyrs japonais qu'ils ne devaient pas
quitter leurs diocèses si le gouvernement ne les y
autorisait, et, quelques années plus tard, le Conseil d'Etat s'est opposé à la réception, à la publi-
cation et à la mise à exécution de l'Encyclique de
1864 dans sa partie dogmatique et a censuré la
conduite de deux prélats qui avaient néanmoins
cru devoir lire cette encyclique dans la chaire de
leurs églises.

Ce n'est pas pour nous livrer à de stériles récriminations que nous avons cité tous ces faits; il
serait le plus souvent injuste de les généraliser et
de ne juger que par là la conduite de ces divers
gouvernements dans leurs rapports avec l'Eglise.
Si, à de certains jours, ils pratiquaient les doctrines du césarisme gallican, ce n'était pas chez
eux un parti pris, mais plutôt une crise passagère
et intermittente provoquée par les difficultés et les
fautes de la politique. Le lendemain, ces mêmes
gouvernements se montraient parfois plus ultramontains que la cour romaine elle-même. Nous
n'avons cité tous ces exemples que pour bien
montrer à nos adversaires ce que nous entendons
par césarisme gallican.

Maintenant l'équivoque n'est plus possible.
L'Étendard condamne-t-il avec nous tous les actes
que nous venons d'énumérer? Nous lui faisons
amende honorable et nous reconnaissons que nous
l'avons injustement accusé.

Mais, s'il les approuve en tout ou en partie,
il aura beau se débattre, la conscience pu-

blique lui infligera comme nous l'épithète de césarien.

Et, qu'il le sache, le césarisme a pour adversaires les partisans des concordats aussi bien que les partisans du régime américain, les gallicans catholiques aussi bien que les ultramontains ; il est combattu par tous ceux qui ont souci de ce bien, le plus nécessaire à l'Eglise, de cette liberté la plus précieuse pour les citoyens —, la liberté religieuse.

L'état de l'opinion dans la société religieuse est tel que l'action du pouvoir civil y est impuissante et que son appui y est compromettant. Ne nous plaignons pas, du reste, aux approches d'un concile œcuménique, de voir dans l'Eglise, à l'égard du gouvernement civil, un sentiment de la liberté aussi jaloux et aussi susceptible.

II

Il est un argument sur lequel reviennent sans cesse les partisans du césarisme gallican. Nous ne faisons, disent-ils, que défendre les vieilles traditions de la royauté et de l'Eglise française.

Qu'était-ce donc, sous l'ancien régime, que cette intervention du pouvoir royal dans les affaires religieuses ? Etait-ce un de ces abus que tout homme de progrès doit combattre, ou l'une de ces traditions bienfaisantes qu'une nation ne répudie pas sans danger ?

Une circonstance heureuse nous invite précisément à jeter un rapide coup d'œil sur l'un des événements les plus considérables de cet ancien régime. M. Gérin, juge au tribunal de la Seine, vient de faire paraître de savantes *Recherches sur l'Assemblée du clergé de France en 1682*. Qu'on ne fasse pas ici d'équivoques : il ne s'agit pas de soulever une controverse sur les doctrines de la Déclaration. Ce qui nous a surtout frappé à la lecture des documents publiés, et ce que nous voudrions mettre en lumière, c'est la situation faite alors à l'Eglise dans ses rapports avec l'Etat.

Louis XIV en lutte contre le Pape pour des questions fiscales, irrité, poussé par Colbert et les parlementaires, convoque une assemblée du clergé de France, pour lui faire faire ce qu'on appellerait aujourd'hui une manifestation contre le Pape. Les députés doivent être élus par le clergé, mais ce n'est qu'un semblant d'élection. Les intendants désignent les candidats officiels ; ceux-ci ont été choisis par la cour d'après les notes qu'a fournies la police de Colbert. Pour vaincre toutes les répugnances et dissiper toute velléité de résistance, il suffit de déclarer que tel est le désir du roi. Le livre de M. Gérin est rempli, sur ce point, de tristes, mais curieuses révélations. Colbert envoie aux électeurs les procurations qu'ils doivent remettre aux députés, et il leur écrit : « Sa Majesté estime nécessaire au bien de l'Eglise... que le dit projet de procuration soit suivi *sans y rien changer.* »

L'Assemblée se réunit ; on y trouve de la décence et de la dignité extérieure, aucune intrépidité sacerdotale, aucune liberté apostolique. La Cour dirige toutes les délibérations. Personne ne revendique les droits de l'Eglise, étrangement violés par le roi. « Cette lâcheté universelle me paraît horrible, » écrit Arnaud. Tous ces évêques ont l'habitude de la dépendance. Quelques-uns, avides et ambitieux, obéissent aux ministres « comme des valets. » Ce sont les expressions de Bossuet. Presque tous, intimidés ou fascinés, n'osent déplaire. Les plus éclairés et les plus courageux « cèdent au temps pour éviter de plus grands maux », proposent des moyens dilatoires, suivent le mouvement afin de le contenir, et s'estiment heureux d'empêcher les solutions extrêmes et d'éviter le schisme ou l'hérésie. Utiles d'ailleurs, car, comme l'a dit de Maistre, « au défaut d'un rempart, pour amortir un boulet, le sac de laine a son prix ».

L'Assemblée, malgré son évidente incompétence, rédige *mandato regio* quatre propositions dogmatiques. Nous n'avons pas à apprécier ici la valeur des doctrines. Mais il est évident que, dans l'esprit du roi, cette déclaration n'avait d'autre but que d'humilier le Pape. S'il faut en croire l'un des plus ardents promoteurs de l'Assemblée, le Procureur général de Harlay, la plupart des évêques n'étaient guère convaincus : « ils auraient, écrit-il, changé d'opinion le lendemain et de bon cœur, *si on le leur avait permis.* » Pour mettre le comble à toutes ces faiblesses, l'Assemblée, toujours obéissante, demande elle-même au roi de donner force de loi à la déclaration qu'elle vient de rédiger.

Enfin, quelques années plus tard, lorsque le roi veut se réconcilier avec Rome et que les membres de l'Assemblée de 1682, depuis nommés évêques, doivent écrire au Pape une lettre de rétractation, les termes en sont arrêtés entre les deux cours, et c'est seulement après cette négociation que les évêques nommés savent quelle lettre il convient au roi de leur faire signer.

Aussi, comment s'étonner que le Pape dise alors au cardinal de Bouillon « qu'il comptait pour tout ce qui viendrait du roi, et pour fort peu de chose ce que feraient les évêques nommés ; qu'il connaissait assez bien le système de la France et à quel point y était parvenue l'autorité du Roi pour savoir que les évêques n'y auraient d'autres sentiments et d'autre religion que celle du Roi. » La voix de Fénelon fait écho à celle du Souverain Pontife et le grand évêque laisse échapper ce cri de détresse : « Le Roi, dans la pratique, est plus chef que le Pape en France. Liberté à l'égard du Pape, servitude vers le Roi. »

Voilà ce qu'était devenue la liberté de l'Eglise en plein xviie siècle, au moment le plus brillant de l'ancien régime, sous un roi qui, malgré ses fautes, était profondément attaché à la religion, et alors que le clergé français, au dire du cardinal de Bausset, « réunissait au plus haut degré les vertus, les lumières et les talents ». Le système qui a produit dans de telles conditions et avec de tels hommes d'aussi tristes résultats n'est-il pas jugé ? C'est pourtant vers cet idéal que veut nous ramener l'Étendard.

Ajoutons, pour achever de réfuter les modernes théoriciens du césarisme gallican, que ce système avait autrefois une excuse et une compensation qui n'existent plus aujourd'hui.

Et d'abord, voici l'excuse, qui n'est certes pas une justification.

Aux époques d'unité religieuse, alors que l'Etat et l'Eglise étaient si étroitement alliés qu'ils se confondaient l'un dans l'autre, les princes, sacrés, conseillés, au besoin censurés par l'Eglise, avaient pris, du consentement de celle-ci, place dans le sanctuaire. Ils s'intitulaient « protecteurs des canons » et « évêques du dehors ». La tentation devait être grande pour eux de sortir des limites souvent un peu indécises qui leur avaient été tracées, et d'agrandir leur rôle religieux aux dépens de l'autorité spirituelle. C'est ce qu'ils firent. Ils trouvèrent des jurisconsultes pour formuler et même pour exagérer et dénaturer leurs prétentions. Ces légistes tenaient que « le roi n'était pas dans un état purement laïque, mais comme dans un état mixte... *In ecclesia plus quam sacerdos* » ; ils lui reconnaissaient une certaine « suprématie spirituelle » et allaient jusqu'à déclarer que « le roi de France était le chef visible de l'Eglise gallicane ».

Tout dans cette usurpation n'est pas le résultat d'une ambition coupable, quoique facile à prévoir. Ne montrer à l'origine du gallicanisme parlementaire que l'orgueil rusé et les violentes convoitises de Philippe le Bel, ce serait une injustice. Il faut y montrer aussi, quelques années plus tard, la grande université de Paris, le clergé de France, suppliant le prince, fils aîné de l'Eglise, de protéger l'honneur de sa mère contre la cour pontificale elle-même. A l'époque du grand schisme, quand les papes rivaux s'anathéma-

tisent mutuellement, appauvrissent la chrétienté
par leurs exactions, et se refusent avec une mauvaise foi évidente aux mesures qui peuvent amener
la réforme, la paix et l'unité, de toutes parts les
peuples indignés, le clergé humilié se retournent
vers les princes, et leur demandent de suppléer,
dans une certaine mesure, la Papauté qui manque
à sa mission. Erreur dangereuse, sans doute, mais
qui s'expliquait facilement et qui fut alors partagée
par de grandes et saintes âmes. Plus tard, quand
le mal fut guéri non par les princes — leur intervention était stérile — mais par l'Eglise elle-
même, réunie dans ses conciles, que resta-t-il de
cette douloureuse époque ? Il resta, dans beaucoup
d'esprits droits, une habitude de s'appuyer sur les
princes pour résister à la cour romaine ; les
soupçons que les abus avaient inspirés leur sur-
vécurent, et il demeura au fond de certaines
âmes comme une défiance qui, pour être cachée
et injuste, n'en fut que plus durable et plus difficile à détruire.

Telle est l'excuse du gallicanisme parlementaire. Peut-elle être invoquée par les césariens de
nos jours ? Dans notre état laïque, systématique-
ment indifférent entre tous les cultes, les princes
peuvent-ils avoir la prétention d'être les évêques
du dehors ? D'autre part, la Papauté manque-
t-elle à sa mission ? Le clergé et les peuples
viennent-ils supplier les princes de remédier aux
défaillances de l'autorité religieuse ? Ce césarisme
moderne n'est qu'une usurpation violente, sans
droit et même sans prétexte.

L'ancien régime religieux avait aussi, avons-nous dit, une compensation, bien insuffisante il est vrai. S'il y avait servitude pour l'Eglise, la servitude était dorée. Le clergé était le premier corps et le plus riche propriétaire de la nation. Il avait sa juridiction propre et jouissait de grands privilèges. La religion catholique était exclusivement protégée, et beaucoup de ses prescriptions étaient lois de l'Etat. La puissance sociale et politique de l'Eglise était telle, que l'historien peut expliquer — sinon justifier — les jalousies et les précautions du pouvoir royal.

Où serait-elle aujourd'hui, cette compensation ? 1789 qui n'a pas détruit toutes les servitudes de l'Eglise française, a détruit tous ses antiques privilèges. Quel pouvoir propose de les rétablir ? Quel catholique le demande ?

Que voyons-nous, au contraire, en Europe ? Ce ne sont qu'écroulements qui se succèdent avec une effrayante rapidité. Partout disparaissent les lois et les institutions qui, sous l'ancien régime, assuraient à l'Eglise sa prépondérance et ses privilèges, avant-hier en Italie, hier en Autriche, aujourd'hui en Espagne. Avec quelles violences, quelles perfidies, quelles injustices, nous le savons. Mais enfin ce fait brutal se dresse partout devant nous, comme si, avant que ne s'ouvrent au Vatican les solennelles délibérations du Concile sur l'état de l'Eglise dans la société moderne, une main — vengeresse selon les uns, bienfaisante selon les autres — tenait à détruire en tous pays ce vieil édifice, à l'abri duquel le clergé s'était habitué à vivre depuis tant de siècles.

L'Eglise n'est pour rien dans ces ruines ; mais du moment que les faveurs de cet ancien régime sont à jamais détruites, elle a le droit de s'indigner que les césariens veuillent en maintenir ou en ressusciter les servitudes.

Non, tel n'est pas l'avenir qui nous est réservé. Que notre siècle comprenne enfin sa mission, qu'il n'écoute ni les haines aveugles des pseudo-libéraux, ni les étroites défiances des Césariens, et alors nous entrevoyons pour l'Eglise une ère de liberté comme elle n'en a pas encore connu.

Une occasion solennelle se présente pour les peuples et les princes de notre temps. L'Église se réunit en concile. Espérons que tous sauront respecter et protéger sa liberté.

Pour ceux qui, comme nous, aiment ce siècle malgré ses erreurs et ses fautes, ce serait une consolation et un sujet de fierté, s'il nous offrait ce grand spectacle : un concile universel s'assemblant et délibérant dans des conditions de liberté qui ne s'étaient encore jamais présentées. Nous pourrions dire alors à ceux qui n'ont pour ce temps que des paroles de malédiction : « Comparez le XIXe siècle à ceux qui l'ont précédé, voyez au XVI° siècle le concile de Trente si difficilement réuni, si souvent interrompu et menacé dans sa liberté par les princes, qui semblent vouloir faire des évêques leurs ambassadeurs, et du concile un congrès diplomatique. Rappelez-vous la situation de l'Eglise aux deux siècles suivants. Un concile eût-il été possible au XVIIe siècle, avec Louis XIV, et au XVIIIe avec les parlements jansénistes et gallicans en France, Joseph II en Autriche, Pombal

en Portugal et d'Aranda en Espagne ? Confessez
donc, pessimistes obstinés, que notre siècle, si dur
qu'il ait été jusqu'ici pour l'Eglise, vaut encore
mieux que les autres, puisqu'il respecte davantage ce que l'Eglise considère comme le plus précieux des biens, sa liberté ! »

II

Le Gouvernement et le Concile (1).

M. le garde des sceaux vient de faire à la
Chambre des déclarations qui auront un grand et
heureux retentissement dans le pays et dans
le monde catholique tout entier. Interpellé par
M. Ollivier il a défini en ces termes l'attitude du
gouvernement vis-à-vis du prochain Concile :

S. Exc. M. Baroche, garde des sceaux, ministre
de la justice et des cultes. — L'honorable M. Ollivier veut bien m'adresser trois questions.

La première : Les évêques seront-ils libres de
se rendre au Concile ?

Oui ! incontestablement.

Voix nombreuses. — Très bien ! très bien !

M. le Garde des sceaux. — Seconde question :
Comment s'y rendront-ils ? c'est-à-dire s'y rendront-ils avec toute la liberté de leur conscience, de
leur jugement, et sans un accord préconçu entre
eux et le gouvernement ?

Nous respectons trop les membres de l'épiscopat
et tous les membres du clergé français, nous avons

(1) Journal *Le Français* du 11 avril 1869.

trop de confiance dans leur sagesse et dans leur amour du pays pour chercher à peser sur leurs décisions, ni même à organiser un accord entre eux et le gouvernement. (Très bien ! très bien !) Ils se rendront à Rome avec leur dignité personnelle, avec leur indépendance, avec leur conscience, avec leur patriotisme. (Vives et nombreuses marques d'approbation.)

Troisième question : Le gouvernement se fera-t-il représenter au Concile ?

A cette question, je ne peux pas répondre comme je viens de le faire aux deux autres.

L'année dernière, la même question, ainsi que le rappelait l'honorable M. Emile Ollivier, nous avait été adressée ; nous avons répondu qu'on en délibérerait. Je ferai aujourd'hui la même réponse, en ce sens que le gouvernement ne croit pas qu'il soit possible, au mois d'avril, quand il s'agit d'un Concile qui doit être tenu à la fin de l'année, au 8 décembre, de déclarer à l'avance, alors même qu'elle serait arrêtée, quelle est son opinion sur la question posée par l'honorable M. Emile Ollivier. Ainsi, à cet égard, je demande à la Chambre la permission de ne pas répondre. (Assentiment sur un grand nombre de bancs.)

Nous ne nous arrêterons pas à cette dernière question, qui est secondaire, et à laquelle M. Ollivier n'attache peut-être une si grande importance que sous l'influence de quelques souvenirs historiques et de certaines prédilections gallicanes. Ce qui est pour nous capital, ce qui domine tout le reste, c'est la déclaration très nette, très formelle du gouvernement que, présent ou absent, avant et pendant le Concile, il entend respecter et respecter complètement la liberté des évêques. Nous ne lui demandions pas davantage et nous le félicitons sincèrement d'avoir répudié les traditions et repoussé les conseils du césarisme gallican.

Pour qui veut réfléchir un moment et reporter ses regards vers le passé, la déclaration du gouvernement a une incontestable gravité. Les quelques mots si courts prononcés par M. Baroche entre une discussion sur le *Moniteur des communes* et un réquisitoire contre le bey de Tunis sont, non pas, comme l'a déclaré M. Jules Favre, la proclamation de tel ou tel système absolu de séparation de l'Eglise et de l'Etat, mais ils sont le symptôme et la reconnaissance de la grande révolution qui s'est accomplie et qui se continue tous les jours dans les relations du pouvoir civil avec l'autorité religieuse.

Pour voir le chemin parcouru, remontons seulement jusqu'à la dernière assemblée œcuménique. Sans doute, alors comme aujourd'hui, l'Eglise avait un droit absolu, divin, à la liberté ; mais qu'avaient fait les hommes de cette liberté ? Que voyons-nous au concile de Trente ? Le roi de France qui, pour des motifs purement politiques, et comme s'il exerçait un droit naturel et incontesté, interdit aux évêques de se rendre à la convocation du Pape, d'obéir à ses ordres ; les ambassadeurs qui menacent, à toute proposition déplaisante pour leur prince, de faire retirer du concile les évêques de leur pays ; les prélats de chaque nation, reconnaissant pour chef un évêque mandataire tacite du prince, ou même dirigés par les ambassadeurs, emportant des instructions avant de se rendre au concile, recevant pour ainsi dire un mot d'ordre avant d'y émettre un vote, et considérés presque comme des sujets rebelles lorsqu'ils se montrent indépendants ; enfin, après le concile, les princes, le roi de France notamment, prétendant au droit d'exercer une sorte de contrôle sur les décisions de l'Eglise assemblée, acceptant les unes, refusant de recevoir les autres (1).

Quel contraste avec la liberté que le gouvernement reconnaît aujourd'hui à l'Eglise ! Que cette comparaison rende certains catholiques plus indulgents, plus justes pour leur siècle. Cette liberté plus grande n'est pas la faveur personnelle, toujours précaire, d'un prince croyant et dévot : c'est la reconnaissance d'un droit, c'est l'œuvre du siècle, c'est la conséquence de ce mouvement d'idées nouvelles si grand encore, en dépit de ceux qui, par passion ou par intérêt, ont tenté de le dénaturer et de le pervertir.

Franchissant par la pensée les quelques mois qui nous séparent de la réunion du Concile, nos regards émus se portent vers cette basilique du Vatican où s'accomplit le plus grand événement du siècle. Qui protège la liberté de l'Eglise ? Est-ce un Constantin ou un Charlemagne qui, l'épée et

(1) Sur cette intéressante question, consulter le savant et très remarquable travail de M. Albert Desjardins, professeur à la Faculté de droit de Paris : *Le Pouvoir Civil au Concile de Trente.* (*Revue critique de Législation,* janvier et mars 1869).

le sceptre à la main, s'assied au milieu des évêques, et est toujours tenté d'usurper, alors même que ses intentions sont droites et pures ? Non, nous voyons, en dehors du temple, dans une attitude à la fois fière et respectueuse, veillant incessamment, écartant toute intervention, toute menace, toute pression, les reines de notre temps, la publicité, l'opinion et la liberté.

III

La liberté du Concile (1).

Les élections, les agitations de la rue, les réformes espérées ou ajournées ne nous absorbent pas tellement que nous n'ayons pas toujours les yeux fixés sur ce qui doit être le plus grand événement du siècle, sur le Concile œcuménique convoqué à Rome par Pie IX, pour le 8 décembre prochain.

Nous avions fait un beau rêve : celui d'un Concile délibérant au XIXe siècle, dans des conditions d'indépendance et de liberté que l'Eglise n'avait jamais connues aussi complètes, à l'abri des interventions oppressives du pouvoir civil, protégé par l'opinion publique, trouvant dans les inventions de la science contemporaine une facilité pour se réunir et dans les libertés modernes une force pour se défendre. Nous espérions voir l'Europe de 1869 faire en grand ce qu'avait fait, sur un

(1) Journal *Le Français* du 19 juin 1869.

théâtre plus restreint, la République française de 1848, lorsque, répudiant les vieilles défiances, elle avait, au nom de la liberté nouvelle, laissé les évêques tenir sans entraves les Conciles provinciaux qui, sous les régimes précédents, avaient toujours été gênés ou même interdits.

Sommes-nous à la veille de voir ce rêve déçu ?

La circulaire du prince Hohenlohe pourrait nous le faire craindre. Elle nous révèle de la part des gouvernements une tentative d'intervention dans les délibérations du Concile. Il semble qu'il y ait dans les chancelleries européennes un réveil des vieilles défiances et une résurrection des anciennes prétentions. Ces ministres qui, hier encore, ne parlaient que de « sécularisation », qui rejetaient hautement, par exemple, toute action officielle de l'Eglise dans l'enseignement comme une tradition surannée de l'ancien régime, deviennent aujourd'hui des docteurs en droit canon, consultent les facultés de théologie, parlent d'exercer un *veto* sur les décisions disciplinaires et même sur les définitions dogmatiques du Concile. Ils trouvaient bon de supprimer, au nom des principes modernes, presque tous les droits politiques et sociaux que l'on reconnaissait autrefois au clergé ; mais ils veulent en même temps conserver les droits plus ou moins contestables que par usage, convention ou même usurpation, les princes catholiques, enfants de l'Eglise, sacrés par elle, faisant presque partie de sa hiérarchie, s'étaient attribués, comme une sorte de compensation de la situation faite à l'Eglise elle-même dans la société civile.

Ces prétentions illogiques, injustes, ridicules, les journaux pseudo-libéraux les encouragent; ils y applaudissent. Ils ressuscitent contre le clergé cet ancien régime, qu'ils l'accusent de vouloir rétablir à son profit.

En même temps qu'ils insultent l'Eglise, qu'ils nient sa divinité, et la proclament moribonde, ils prétendent s'asseoir dans ses conseils, et ils se croient théologiens parce qu'ils ont répété quelques maximes de Pithou ou de Febronius.

Qu'y a-t-il de sérieusement menaçant dans tout ce mouvement ? Quelles sont les dispositions réelles des gouvernements auxquels s'adressait le ministre de Bavière ? Etait-ce de sa part un acte isolé et spontané ? Etait-ce au contraire une démarche convenue d'avance et le résultat maladroitement divulgué d'une sorte de complot diplomatique ? Nous ne pouvons le savoir aujourd'hui d'une façon précise.

Mais si l'on considère les idées qui paraissent dominer dans les gouvernements des nations catholiques, et notamment en Italie, en Espagne et en Autriche, où le pouvoir civil est en guerre avec l'Eglise, opprime sa liberté, usurpe ses droits ; si l'on voit d'autre part les passions anti-religieuses, les préjugés et les haines qui règnent dans une partie de l'opinion, on ne saurait s'empêcher d'éprouver de sérieuses inquiétudes.

Pour détourner cette menace et parer ce danger, nous ne faisons pas appel seulement aux catholiques, mais à tous les amis sincères de la liberté, à tous ceux qui ont quelque souci du souvenir que laissera notre siècle dans l'histoire.

N'est-ce pas, en effet, l'honneur même de notre temps, l'honneur de la liberté moderne qui sont en jeu ?

Que dites-vous, libéraux, à ceux des catholiques qui sont encore en défiance vis-à-vis de la société nouvelle, et qui ne peuvent s'empêcher de jeter un regard de regret vers l'ancien régime ? Vous leur dites qu'au lieu des privilèges perdus, des richesses confisquées, des faveurs disparues, ils ont obtenu un bien plus précieux : la liberté qu'ils n'avaient presque jamais connue complète.

Eh bien ! voici le moment de montrer si vos paroles sont sincères ; voici le moment de répondre par des actes à ceux qui doutent de vous et de vos principes.

Si le Concile aujourd'hui n'est pas plus libre qu'au XVIᵉ siècle, bien que l'Église n'ait plus les privilèges et les faveurs dont elle jouissait alors, que répondrez-vous aux catholiques qui maudiront vos prétendues libertés et ne verront dans les grands mots que vous avez sans cesse à la bouche qu'un mensonge sonore destiné à couvrir le vol et l'usurpation ?

Si le Concile, au contraire, s'accomplit, comme nous l'espérions hier et comme nous voulons encore l'espérer, dans des conditions de liberté inconnues jusqu'ici, ne voyez-vous pas quelle leçon en ressortira ? Ce ne sera sans doute pas une justification ni même une réparation complète de tout ce que ce siècle aura fait contre le catholicisme, mais tous les esprits de bonne foi ne comprendront-ils pas alors la force immense et bienfaisante que l'Église peut trouver dans cette liberté moderne, dégagée de ce qu'elle a d'impur, de coupable et de mensonger ? Les malentendus qui ont momentanément séparé les amis de la vraie liberté et quelques âmes religieuses seront bien ébranlés, s'ils ne sont complètement détruits.

Épreuve solennelle et redoutable, on le voit, dont les conséquences peuvent être immenses pour le bien comme pour le mal, d'où il peut sortir un grand pas fait en avant ou un retour en arrière, une œuvre de concorde lumineuse et féconde ou l'aggravation de dangereux dissentiments. Le rôle des amis de la liberté, à quelque opinion religieuse qu'ils appartiennent, est tout tracé. Espérons qu'ils sauront le comprendre et le remplir.

Ajoutons qu'il y a là un devoir particulier pour le gouvernement français. Il peut beaucoup, nous osons dire qu'il peut tout Sa situation est telle que son attitude déterminera probablement celle des autres puissances catholiques. C'est un grand honneur et une grande responsabilité. Si, fermant l'oreille à de funestes conseils, si, répudiant des défiances étroites et surannées, il respecte sincèrement et complètement la liberté du Concile, qui ne peut, quoi qu'il fasse, porter atteinte à sa légitime indépendance, les autres puissances seront bien obligées de l'imiter et il aura mérité la reconnaissance d'hommes qui ont pu avoir contre lui de légitimes griefs : des amis de la liberté et des catholiques.

Mais si, au contraire, accueillant les propositions de la circulaire bavaroise, il veut réveiller les prétentions gallicanes, opposer un *veto* à telles ou telles délibérations, entraver par des manœuvres

diplomatiques ou des menaces ouvertes l'indépendance des évêques, il se compromet dans des difficultés plus inextricables que celles de la question
italienne ; il s'expose à de bien autres dangers que
ceux qu'il a pu courir au Mexique ou à Sadowa; il
assume devant le monde chrétien, devant l'opinion
libérale et devant l'histoire, la responsabilité d'avoir
compromis l'honneur de la société moderne et entravé dans un moment capital l'action de l'Eglise.

Que la France d'ailleurs y prenne garde : si elle
manquait aujourd'hui aux devoirs que lui impose
son rang de première puissance catholique, elle
risquerait de perdre ce qui est une des conditions
de sa grandeur et de son influence dans le monde.

Ce qu'elle ne ferait pas serait peut-être fait à sa
place par une puissance ambitieuse, habile, sans
cesse grandissante, qui lui a disputé déjà la préé-
minence diplomatique et militaire. Si nous ne
comprenions pas que notre rôle est de respecter et
de faire respecter l'indépendance du Concile, si
nous trempions dans quelque bas complot contre
la liberté de l'Eglise, qui sait si nous n'aurions
pas l'amère et humiliante mortification de voir la
Prusse protestante, mais désireuse d'attirer à elle
les catholiques allemands, prendre le rôle que
nous aurions déserté et défendre contre nous la
liberté de notre Eglise ?

Vous le voyez, catholiques qui cherchez l'indépendance de votre Eglise, libéraux soucieux de
l'honneur de votre liberté moderne, Français désireux de soutenir la grandeur morale de votre pays,
le moment est solennel, à vous de veiller et au
besoin d'agir.

IV

Les Gouvernements et le Concile (1).

La presse allemande continue à s'occuper de la circulaire par laquelle le prince de Hohenlohe a engagé les gouvernements à se concerter pour surveiller et entraver les décisions du Concile. La *Gazette d'Augsbourg* qui semble s'être donné la mission de soutenir le ministre bavarois dans cette triste campagne, a fait paraître, à ce propos, une série d'articles qui ont été très remarqués au delà du Rhin. Elle provoque des manifestations, exagère ou dénature celles qui se produisent. *Le Mercure de Souabe*, enchérissant sur elle, annonçait l'autre jour une sorte de levée en masse des catholiques allemands contre la cour romaine. Il y a comme un mot d'ordre donné à toute la presse officieuse.

La Gazette d'Augsbourg affecte d'ailleurs d'avoir bon espoir dans l'accueil que feront les autres puissances à la proposition du ministre bavarois :

« La presse ultramontaine, dit-elle, se réjouit de ce que quelques cabinets n'ont point accepté immédiatement la proposition du prince de Hohenlohe. Elle se réjouit trop tôt. L'Italie et la Prusse ont déjà adopté le programme bavarois, et à ces puissances se joindra la France, qui a déclaré qu'elle ne souffrirait aucun empiétement de l'Eglise sur le terrain politique et repousserait tout change-

(1) Journal *Le Français* du 6 Juillet 1869.

ment apporté sans son consentement aux articles organiques et au concordat. La conduite tenue par le gouvernement autrichien dans l'affaire de l'évêque de Linz montre suffisamment la voie qu'il est décidé à suivre en cas de velléités de la part de la Curie d'attaquer les institutions de l'Etat. »

Nous ne sommes point dans le secret des chancelleries, et nous savons qu'il en est plusieurs sur lesquelles il n'y a pas grand fond à faire du moment qu'il s'agit de la liberté de l'Eglise. Nous doutons toutefois que l'espérance de la *Gazette d'Augsbourg* puisse se réaliser. Comment tous ces souverains, qui ne peuvent s'entendre sur les moindres questions de politique, pourraient-ils se concerter et tomber d'accord sur des questions théologiques dont ils ne savent pas le premier mot ? Voit-on d'ici ce que serait ce congrès diplomatique où l'on discuterait par avance toutes les questions que le Concile doit aborder ? L'Europe entière éclaterait de rire ; et il y aurait de quoi. Que répondraient tous ces diplomates au bon sens populaire leur posant ce dilemme : Ou vous êtes catholiques, et vous ne devez pas vous mettre en état de rébellion contre l'autorité la plus haute, et la plus incontestée de votre religion, contre un Concile universel ; ou bien vous n'êtes pas catholiques, et alors de quel droit demandez-vous à dire votre avis sur des questions de dogme et à prendre place dans les conseils de l'Eglise ?

Que les puissances n'assistent pas inattentives et indifférentes au plus grand événement de ce siècle, qu'elles fassent à cette occasion parvenir à la Cour romaine de respectueuses observations, qu'elles interviennent si le Concile juge à propos de modifier les rapports de fait établis par les concordats entre l'Eglise et les Etats, rien de plus légitime et personne n'a jamais songé à le contester. S'il n'avait d'autre but, le prince de Hohenlohe n'aurait fait par sa circulaire qu'enfoncer bruyamment et maladroitement une porte ouverte. Mais il a d'autres prétentions : il veut opposer une sorte de *Veto* préventif à certaines délibérations ; il veut par menace ou pression empêcher le Concile de définir tel ou tel dogme, de décréter telle ou telle vérité morale. Voilà qui est intolérable.

Cette prétention eût été condamnable en tous temps. Au Moyen-Age comme aujourd'hui, elle eût été considérée comme une usurpation sur les droits les plus incontestables de l'Eglise. Aujourd'hui elle n'est pas seulement odieuse, qu'on nous permette le mot, elle est absurde.

Nous l'avons déjà dit, mais nous ne pouvons nous lasser de le répéter : autrefois les descendants de Constantin, « évêques du dehors », les chefs du « Saint-Empire romain, » couronnés par le Pape, « avocats de l'Eglise et protecteurs des Canons, » les fils de saint Louis, rois « très-chrétiens, » sacrés avec la sainte ampoule par l'archevêque de Reims, les princes espagnols, « rois catholiques, » les rois « très fidèles » de Portugal, les rois d'Angleterre qui s'honoraient du titre de « défenseurs de la foi, » tous ces monarques, chefs catholiques d'Etats catholiques, n'auraient pu avoir de semblables prétentions, sans excéder leurs droits ; mais on aurait compris jusqu'à un certain point leur illusion. Ils étaient si près du sanctuaire qu'ils pouvaient par moments, sur les conseils pernicieux de quelque théologien de cour, se croire membres de la hiérarchie. La confusion était coupable, mais elle était relativement facile.

En est-il de même dans nos Etats, qui tous les jours se vantent d'être « laïques » et « indifférents, » pas plus catholiques que protestants ou libres-penseurs ? Toutes les fois que l'Eglise revendique un des droits politiques et sociaux qu'elle exerçait sous l'ancien régime, les gouvernements lui répondent que ce sont des traditions surannées, non reconnues par la société moderne. Et cependant ces mêmes gouvernements voudraient, tout en conservant les privilèges qui avaient été dans d'autres temps concédés ou tolérés, intervenir dans des questions où l'Eglise n'a jamais permis l'immixtion même d'un Constantin, d'un Charlemagne ou d'un saint Louis.

Le prince de Hohenlohe et ses défenseurs voudraient, il est vrai, se présenter comme les adversaires non de l'Eglise, mais de certains hommes qu'ils qualifient d'ultramontains et qui, selon eux, voudraient entraîner le Concile dans une voie pleine de périls et d'exagérations.

Ce n'est qu'un masque dont ils se couvrent. Ils affectent de n'en vouloir qu'à telle ou telle école ; mais, en réalité, c'est la hiérarchie catholique qu'ils menacent. Nous retrouvons là cette vieille défiance que l'Eglise, à son grand honneur, a toujours inspirée aux gouvernements ne sachant ni comprendre ni aimer la liberté.

En serait-il autrement, ces gouvernements n'en

voudraient-ils qu'à une école qui n'est pas l'Eglise, nous ne devrions pas pour cela leur permettre d'intervenir là où ils n'ont pas le droit d'intervenir.

Les vrais catholiques ne se laisseront pas aller à commettre une telle faute ; ce ne serait pas seulement de leur part un acte coupable, une atteinte portée à des droits sacrés, ce serait une maladresse.

Si des écrivains sans mission, journalistes ou autres, veulent se substituer à nos évêques, préjuger leurs décisions, peser sur eux par d'impérieuses sollicitations, les évêques les repousseront. Ils l'ont déjà fait. Hier encore, l'évêque de Perpignan ne déclarait-il pas que « l'initiative » prise par une partie de la presse religieuse « à l'endroit des questions dont s'occupera le Concile, lui paraissait contraire au respect dû à l'autorité du Saint-Siège et à la liberté des évêques », et ne rappelait-il pas que ces théologiens sans mission « n'ont point rang dans la haute hiérarchie de l'Eglise, et qu'il ne leur appartient point de se constituer ses conseillers et ses juges, de vouloir peser sur ses souveraines décisions » (1) ? Dans un mandement que nous avons publié, l'évêque de Quimper ne rappelait-il pas aussi à leurs devoirs ces écrivains oublieux du respect vis-à-vis de la plus auguste assemblée de l'univers, qui, « au risque d'amasser d'avance les obstacles autour du Concile, ont déjà rédigé les dogmes au bas desquels les évêques doivent apposer leurs signatures » ?

(1) Lettre pastorale de Mgr l'évêque de Perpignan, pour publier l'indulgence en forme de jubilé, 24 mai 1869.

Tous les catholiques doivent combattre les interventions téméraires si justement dénoncées par l'épiscopat. Mais en quel nom le feront-ils? Au nom de la liberté de l'Eglise. Qu'ils se gardent donc de provoquer ou seulement de tolérer, fût-ce pour lutter contre ces interventions, une ingérence gouvernementale qui serait une atteinte à cette même liberté. Pour pouvoir défendre au besoin l'indépendance du Concile contre les tentatives d'intimidation, de quelque côté qu'elles viennent, commençons par la défendre contre les parlements et les chancelleries.

Ne l'oublions pas, si cette école, imbue d'opinions exagérées et dangereuses, que certes personne ne peut confondre avec la sainte Eglise romaine et avec son chef vénéré, a pu conquérir, il y a quarante ans, tant d'influence et de popularité sous la direction de l'abbé de Lamennais, c'est qu'elle se présentait avant tout comme une revendication énergique de la liberté de l'Eglise dans ses rapports avec l'Etat; et si l'école opposée a été si rapidement vaincue, ce n'est pas seulement qu'elle pouvait avoir sur telle ou telle question de théologie des opinions erronées, c'est surtout qu'elle se présentait comme plus ou moins inféodée au pouvoir civil, c'est qu'elle avait, depuis plusieurs siècles, contracté la malheureuse habitude d'invoquer, ou tout au moins d'accepter, contre ceux qu'elle appelait les ultramontains, l'appui compromettant du bras séculier. Le prestige de la liberté était du côté de ses adversaires.

Ceux qui blâment aujourd'hui les exagérations

des successeurs très modifiés de Lamennais, ceux qui trouvent leurs doctrines erronées, leurs remontrances malséantes, leurs prétentions téméraires, leurs conseils dangereux, font bien en défendant contre eux l'indépendance et la dignité de leurs pasteurs. Mais qu'ils se gardent de commettre la faute qui a tant compromis autrefois les adversaires de Lamennais. Ils sont loin, croyons-nous, de partager toutes les doctrines qualifiées autrefois de gallicanes. Qu'ils n'aillent donc pas ressusciter ce qui a été la plus mauvaise tradition de ce vieux gallicanisme, l'intrusion du pouvoir civil dans les questions religieuses.

Cette intrusion, impuissante aujourd'hui plus que jamais, ferait les affaires de l'école que l'on veut combattre. Elle mettrait de son côté tous ceux qui ont la légitime et glorieuse susceptibilité de la liberté de l'Eglise, et nous pouvons dire, à l'honneur de ce siècle, que ce seraient l'immense majorité des fidèles et l'unanimité des évêques.

Nous avons, grâce à Dieu, des moyens plus sûrs de parer à un danger que d'ailleurs on exagère singulièrement. Pour résister à des conseils fâcheux, pour remettre à sa place une école plus bruyante que puissante, fions-nous aux libres et respectueuses communications des fidèles avec leurs pasteurs, aux lumières de nos évêques, à la sagesse du Souverain-Pontife et surtout à l'assistance que Dieu a promise à son Eglise.

Quant à ces publicistes d'au delà et d'en deçà du Rhin qui affectent pour la société moderne des craintes plus ou moins sincères, qu'ils ne commencent donc pas par donner à l'Eglise un grief légitime contre les pouvoirs et les journalistes qui agissent et parlent au nom de cette société. Qu'ils fassent au contraire aimer la société moderne par ses adversaires, en la montrant, dans cette circonstance solennelle, plus respectueuse de la liberté de l'Eglise que ne l'ont été toutes les sociétés précédentes.

II

L'action catholique: réflexions et conseils. (1)

Il est plus facile de dédaigner que d'agir, de railler les aspirations généreuses que de les purifier et les diriger en les partageant, de rêver un idéal qui n'a jamais existé et qui n'existera jamais que de combattre utilement et pratiquement les combats de chaque jour, de maudire son temps que de le guérir et de l'améliorer. Cette maladie n'est pas nouvelle chez les catholiques de ce siècle. Lamennais a fait école dans la polémique religieuse. Depuis lui, il y a toujours eu un certain nombre d'écrivains qui ont borné leur rôle à regarder « crouler le monde » en lui jetant force sarcasmes, injures et anathèmes. Rien de moins chrétien, selon nous. Dieu ne nous a pas établis ici-bas prophètes, mais soldats. Nous avons à lutter plus qu'à maudire.

. . . .

Les faveurs de cour, les privilèges constitutionnels ne sont plus possibles pour les catholiques. Leur part dans les libertés futures sera d'autant plus large, leur place au soleil du monde nouveau sera d'autant plus solide qu'ils se montreront plus actifs, plus vivants, plus influents, plus résolus dans les luttes politiques de chaque jour. Le nom-

(1) Extraits de divers articles publiés dans le Journal *Le Français.*

bre, l'autorité morale, leur assurent un rôle considérable dans l'exercice de la souveraineté populaire, mais à une condition, c'est de ne pas se transformer eux-mêmes en émigrés ou en étrangers. (1)

* *

N'arrivons pas, au jour du combat prévu, sans plan arrêté, pour y être livrés, surpris et aburis, aux coups d'adversaires qui ont, depuis longtemps, fait leur plan et chargé leurs armes. Choisissons bien notre terrain et notre drapeau. Montrons, ce qui est vrai, que nous voulons sincèrement, plus sincèrement que nos adversaires, la diffusion de l'enseignement, l'éducation morale des classes populaires. Ne repoussons pas par timidité, par méfiance de l'origine, par parti-pris passionné et peu raisonné, ce qu'il peut y avoir de bon ou d'inoffensif dans les réformes poursuivies. Renonçons surtout à toute couleur de privilège, afin d'être plus forts sur ce qui est l'essence de la liberté. Plus la religion est attaquée de nos jours, plus il convient pour la défendre de se réfugier et de se fortifier en quelque sorte dans cette citadelle du droit commun et de la liberté, où l'on est vraiment inexpugnable. (2).

* *

N'avait-il pas été reconnu, après l'expérience de la politique religieuse suivie dans la Restauration,

(1) Journal *Le Français*, 21 décembre 1869.
(2) Journal *Le Français*, 11 octobre 1871.

qu'il était imprudent de solidariser la cause de la religion avec celle d'un parti politique ? Et certes, dans les temps plus troublés encore que nous traversons, il convient moins que jamais d'associer le catholicisme aux vicissitudes, aux responsabilités, aux expédients, à l'impopularité, aux échecs qui sont aujourd'hui le sort inévitable de tous les partis et surtout des plus respectables. Si élevée que soit une cause politique, la cause du catholicisme l'est encore plus. Il faut que celle-ci soit laissée par tous dans une sphère plus large et plus sereine, et que jamais, — au moins par notre faute, — les froissements et les préjugés, suites des luttes politiques, ne puissent être un obstacle à l'action de la Religion sur les âmes.

N'est-ce pas l'attitude qu'avaient prise avec tant d'éclat le clergé et les catholiques de France pendant la Monarchie de Juillet, sous la direction de M. de Montalembert, du P. Lacordaire, de l'abbé Dupanloup, de M. de Falloux, de tous les évêques ? On sait quel en a été le profit pour les âmes et pour la liberté de l'Eglise. Il suffit de comparer l'état du catholicisme en 1848, avec ce qu'il avait été en 1830, d'opposer la loi de 1850 aux ordonnances de 1828. Aussi convient-il de se maintenir sur ce terrain où s'étaient placés tous ceux que les amis de la liberté religieuse considèrent comme leurs maîtres. Toutes les fois qu'on voudra en faire sortir les catholiques pour les compromettre sur un autre, nous regarderons comme un devoir de protester (1).

(1) Journal *Le Français*, 2-3 novembre 1872.

*
* *

Nous ne faisons pas ici de théorie absolue et théologique sur les droits et les devoirs de l'État en matière religieuse. Nous repoussons l'idée monstrueuse de l'État sans Dieu et de l'indifférentisme en face de ces vérités premières qui sont la base de toute société civilisée. Mais nous traitons une question beaucoup plus modeste de conduite et de mesure. Or il est des faits que nous n'avons pas oubliés.

Dans ce siècle, on a essayé, à des époques différentes, de deux ordres de moyens pour restaurer la religion dans la vie privée des citoyens et dans la vie publique de la nation. — Sous la Restauration, on a cru utile de mêler dans une certaine mesure la politique et la religion. On a cherché, dans des intentions très louables, et qui ont été injustement et perfidement dénaturées, à faire de la loi et du gouvernement, des instruments de propagande. — Après 1830, au contraire, sur l'initiative d'hommes illustres, à la tête desquels nous aimons à nommer M. de Montalembert, le P. Lacordaire, l'abbé Dupanloup, avec l'appui de l'épiscopat, avec le concours de toute la presse catholique d'alors, on a suivi une tactique absolument différente ; on a dégagé la religion de la politique, on a tout demandé à la libre initiative des citoyens.

Nous ne jugeons pas les deux conduites d'après des thèses absolues qui ne sont pas intéressées dans ces questions de pratique : nous les jugeons d'après les faits et les résultats. Il suffit de comparer ce qu'était devenue la religion après la Restauration, et ce qu'elle était lors de la Révolution de Février, les ordonnances de 1828 contre les petits Séminaires, et la loi de 1850 en faveur de la liberté d'enseignement, les Croix traînées dans la boue en 1830, et les arbres de la liberté bénis par le clergé en 1848.

Voilà ce qu'il ne faut pas oublier. Beaucoup des hommes illustres qui marchaient alors à la tête des catholiques, ne sont plus. Nous considérons comme un devoir sacré de conserver les traditions qu'ils nous ont laissées. La conduite qu'ils conseillaient alors est, aujourd'hui plus que jamais, appropriée à l'état des esprits. Autant nous serons empressés à seconder tout ce qui sera une manifestation publique, sociale, nationale, dans le vrai sens du mot, de cette foi religieuse aussi nécessaire aux peuples qu'aux individus, autant nous serons scrupuleux à séparer la religion de la politique et à ne pas compromettre à la fois le gouvernement et le clergé, les partis et le catholicisme, en les mêlant et en les confondant.

Ces règles de conduite étaient utiles à rappeler pour prévenir quelques entraînements fort respectables, et surtout pour ne laisser aucune prise aux attaques et aux alarmes plus intéressées que sincères de quelques-uns de nos adversaires (1).

*
* *

Ne voyez-vous donc pas quels risques, quelles compromissions vous faites subir à l'Eglise et à la

(1) Journal *Le Français*, 24 juillet 1873.

religion, en les mêlant à des questions de parti
auxquelles elles sont étrangères parce qu'elles leur
sont supérieures ? Ne voyez-vous pas à quelles
vicissitudes, à quels échecs, peut-être, vous les as-
sociez, quelles passions vous soulevez contre elles !
Ne voyez-vous pas combien d'âmes vous pouvez
éloigner de la vérité religieuse, du moment où
vous montrez celle-ci identifiée à un programme
politique qui a nécessairement ses adversaires ?
Que serait-ce si le programme politique qu'on
nous présenterait ainsi comme faisant corps avec
la doctrine catholique, était le programme politique du *Monde*, c'est-à-dire un programme fort
respectable, sans doute, mais fort étroit, et qui a
le malheur d'être repoussé par l'immense majorité
des Français et peut-être par la majorité des députés de la droite, de ceux qui étaient jusqu'ici
regardés comme les députés catholiques.

D'ailleurs à quoi donc servent les leçons de l'expérience, si l'on recommence toujours les mêmes
fautes ? Plusieurs fois on a eu ainsi la tentation
d'établir une sorte de solidarité entre la religion
et telle ou telle thèse politique. La religion s'en
est-elle bien trouvée ? A-t-on eu à se louer, par
exemple, de ce que certains évêques aient fait en
1829, des mandements en faveur de M. de Polignac,
et aient présenté la politique de ce ministre comme
la politique catholique, ou de ce que d'autres
aient, en 1852, exalté par le même motif, celui
qu'ils appelaient le moderne Constantin ? Nous
n'insistons pas sur ce souvenir pénible. Aussi
bien ces fautes ne sont que des faits isolés contre
lesquels proteste la conduite constante de l'Eglise.

Quand l'empire Romain était battu en brèche par les barbares, il y avait aussi alors des esprits étroits qui voulaient identifier la cause du christianisme avec celle de Rome. Que firent les grands évêques et les grands Papes, les Augustin et les Grégoire ? Ils refusèrent de laisser confondre le drapeau catholique avec les aigles romaines, même après que Constantin eut ajouté à ses aigles la devise de la croix. Aussi les Papes ont-ils survécu dans Rome aux empereurs vaincus, et les barbares n'ont-ils eu aucune répugnance, tout en triomphant des Romains, à s'agenouiller devant les autels du Christ.

N'oublions donc pas que la religion doit être, dans l'intérêt des âmes, et en ce temps plus encore qu'en tout autre, maintenue au-dessus de la politique et des partis, en situation — précisément parce qu'elle n'est l'ennemie d'aucun de ces partis, tant qu'ils n'attaquent pas les fondements de l'ordre moral et religieux — de panser toutes les plaies et de recueillir tous les blessés. N'oublions pas que s'il y a des vérités premières qui sont des principes religieux en même temps que des principes politiques, il est beaucoup d'autres questions dont nous n'avons pas le droit de nous désintéresser comme citoyens, mais qui sont des question libres au point de vue religieux. Sur ces questions qui sont le sujet des programmes politiques proprement dits, la devise des drapeaux de gouvernement et de partis, il est indiscret, irrespectueux et périlleux de demander au Pape des solutions qu'il ne nous donne pas. C'est à nous de les décider, sous notre responsabilité et sans y engager celle de l'Eglise. C'est l'œuvre de la liberté qu'il a été dans le dessein divin de nous laisser à la fois comme un honneur et un devoir.

Un dernier mot pour terminer ces explications un peu longues, mais que la gravité du sujet justifie. Le *Monde* a paru, involontairement sans doute, insinuer que si nous ne voulions pas abaisser le drapeau catholique dans ces débats politiques, c'est que nous n'avions pas le courage de l'arborer. Ce reproche nous serait très sensible s'il était en quoi que ce soit mérité. Mais le vrai courage, où est-il? Il ne consiste pas à se couvrir de sa foi et de son Eglise, dans ces batailles meurtrières, mais bien au contraire à y descendre seul, la poitrine découverte, en n'exposant que soi et en laissant dans une sphère plus haute, la cause sacrée qu'on a mission de défendre, et non de compromettre au service de ses idées et de ses intérêts de parti, de ses passions, quelquefois de ses erreurs. Le véritable courage du journaliste catholique ne consiste pas à rompre en visière avec plus ou moins de fracas, à des adversaires dont l'hostilité est légère à supporter, et même, le plus souvent, une sorte de brevet de popularité dans son propre camp. Il consiste à ne pas flatter les préjugés et les passions de ses amis, à les avertir des dangers, à se mettre en travers de leurs entraînements, à blâmer tout haut les exagérations que l'on déplore tout bas, dût-on laisser à de plus violents, le prestige et l'agrément des engouements passagers et des renommées bruyantes (1).

(1) Journal *Le Français*, 13 mars 1874.

***

Ce n'est jamais sans émotion que nous retrouvons dans le passé quelques-uns de ces hommes rares qui ont su rester fidèles et fermes jusqu'au bout dans leur politique de modération et de bon sens, sachant résister aux séductions et aux menaces de la passion et de l'esprit de parti, et, ce qui est plus difficile, bravant au besoin les excommunications de leurs propres amis, faisant vaillamment face, des deux côtés, aux opinions extrêmes qui les enserraient et parfois les étouffaient. Ils sont nos ancêtres, nos patrons, ceux dont les exemples nous soutiennent au milieu des épreuves cruelles qui semblent être décidément le lot des modérés en ce siècle. C'est pour nous à la fois un devoir et une consolation d'honorer leur mémoire par une sorte de culte public (1).

***

Il est certain que les catholiques, étant citoyens, ont les devoirs et les droits politiques de tout citoyen, et qu'à ce titre, ils peuvent se rattacher à tel ou tel parti, avoir telle ou telle opinion sur les institutions, les lois ou les hommes. Leur qualité de catholiques leur impose seulement des conditions plus étroites de justice, d'honneur, de dévouement et de charité. Elle leur impose également le respect de ces lois supérieures que le christianisme a établies pour le salut des sociétés

(1) Journal *Le Français*, 25 juin 1874.

comme pour celui des individus. Mais, cette réserve faite, le citoyen catholique est libre de ses préférences. Nul ne peut donc prétendre que la foi religieuse a pour corollaire nécessaire telle ou telle foi politique. Seulement, en fait, il peut arriver qu'un parti, par sa conduite, éloigne de lui les catholiques, qu'un autre au contraire les attire. Et par exemple, en ce moment, nul ne saurait dire que la République fasse rien pour retenir ou gagner les Catholiques, et nous ne nous chargerions certes pas de prêcher à autrui une bonne volonté et une confiance dont nous aurions peine à donner l'exemple. Mais c'est là une question de fait, contingente, mobile et temporaire, qui laisse subsister les principes tels que nous les avons posés.

Ces principes ont pour la conduite et le langage de chaque jour une conséquence importante. C'est que jamais les catholiques, alors même qu'ils se trouvent portés en plus ou moins grand nombre vers un certain parti, ne doivent confondre et identifier la cause de ce parti avec la cause religieuse. C'est que jamais les champions d'une opinion ne peuvent prétendre absorber et en quelque sorte exploiter au profit de leur politique, la défense du catholicisme. Ils feraient ainsi à la religion ce mal immense d'éloigner d'elle tous ceux qui ne pensent pas comme eux en politique. Aujourd'hui, par exemple, ils aliéneraient des concours qu'il serait présomptueux de croire inutiles, coupable de répudier, ou seulement de décourager. D'ailleurs, l'histoire ne montre-t-elle pas que l'intérêt bien entendu

des partis est ici d'accord avec l'intérêt de la
religion ? Les fautes, les haines maladroites
et criminelles des hommes qui semblent aujour-
d'hui confondre l'irréligio n et la République, ne
suffiraient pas à excuser ceux qui, dans un camp
opposé, feraient une confusion analogue. Les deux
causes doivent demeurer distinctes ; la cause religieuse doit être laissée avec respect dans une
sphère plus haute et plus ouverte que celle où se
renferment et s'agitent toutes les opinions politiques. Il lui faut plus d'espace et de temps que ne
peut lui en offrir un parti, si large qu'il désire être,
si durable qu'il se croie.

Les principes posés ont une autre conséquence
qui regarde plus spécialement le clergé. Si les
prêtres sont des citoyens, ils sont aussi et avant
tout les représentants de l'Eglise, ils personnifient
en quelque sorte la cause religieuse, l'engagent
par leurs paroles et leurs démarches. N'est-il pas
évident qu'ils ne pourraient se mêler aux partis, y
jouer un rôle actif, accepter leurs mots d'ordre,
s'enrôler sous leurs chefs, sans, par cela même,
produire cette confusion des causes politique et
religieuse qu'il faut précisément éviter ? Quand les
atteintes portées à leurs droits, aux intérêts sacrés
dont ils ont la garde, les obligent à résister, et par
cela même à employer les armes que le droit
public met à leur disposition, à accepter le concours que leur offrent des hommes politiques, ils
doivent le faire sans se confondre avec les partis,
et en demeurant toujours sur leur propre terrain
et sous leur propre drapeau. Ni leur mission, ni
leurs devoirs ne sont pour cela changés. Leurs

chefs sont toujours les évêques et le Pape, non les hommes d'Etat, si dévoués qu'ils soient, qui combattent pour eux au *forum*. D'ailleurs, à quoi bon insister ? Les règles n'ont-elles pas été définies par le Souverain Pontife avec une netteté, une élévation auxquelles nous n'avons pas la prétention de rien ajouter, et dont personne, pensons-nous, ne songera à contester l'autorité ? (1)

(1) Journal *Le Français*, 10 mars 1881.

III

La liberté pour l'Eglise de France :
Après la séparation (1904) (1).

———

La Séparation est faite. Ni plaintes, ni protestations, si fondées qu'elles soient, ne sauraient la supprimer. Les regrets qu'on peut garder du passé, les défiances que doit éveiller l'avenir, n'empêchent pas que le fait présent ne s'impose à nous. Quelque chose a été rompu qui ne se renouera plus. Le plus sage et le plus viril est de voir les choses telles qu'elles sont. D'ailleurs, s'il est juste de déplorer et de condamner l'inspiration sous laquelle s'est accomplie cette séparation, la brutalité avec laquelle les engagements les plus solennels ont été répudiés, les droits les plus sacrés foulés aux pieds, ce n'est pas cependant d'un retour au régime concordataire que, dans la situation actuelle de la société française, il convient d'attendre le remède. Tout concordat nouveau devrait être payé, par l'Eglise, de la renonciation au libre choix des évêques, et, étant donné ce que sont devenus et ce que paraissent devoir rester les gouvernements en France, croit-on que le Pape serait disposé à un tel abandon? L'Eglise doit donc chercher les moyens de remplir sa mission,

(1) *Le Correspondant* du 10 mai 1907.

non plus dans une alliance telle qu'on avait pu la
concevoir autrefois, mais dans l'obtention d'une liberté loyale et complète. S'attarder aujourd'hui à
poursuivre et à rêver un nouveau concordat
serait perdre un temps qu'il importe de mieux
employer.

Mais, si la séparation est faite, on ne paraît pas
encore, d'un côté comme de l'autre, l'avoir vraiment réalisée, s'être placé dans la situation qui en
résulte, avoir compris et fixé les devoirs nouveaux,
les mœurs nouvelles, les conceptions nouvelles
qu'elle implique. On semble être dans une sorte
d'expectative incertaine, de transition confuse et
chaotique, où chacun tâtonne, trébuche, aussi bien
le gouvernement avec ses lois sans cesse rema-
niées, parce que l'épreuve les démontre inappli-
cables, que les catholiques en travail d'une organisation au sujet de laquelle ont été prises, jusqu'à
présent, plus de résolutions négatives que de posi-
tives. Un tel état ne peut durer. Des deux parts, le
moment est venu de se rendre compte de ce qui est
à faire et de se mettre à l'œuvre.

I

A regarder d'abord du côté du gouvernement,
il apparaît que celui-ci se fait une idée très fausse
de ce qu'est naturellement et raisonnablement une
séparation de l'Eglise et de l'Etat. Pour lui, séparation équivaut à hostilité : à ses yeux, il s'agit, non
de faciliter la paix entre deux puissances en sup-

primant autant que possible entre elles les points de contact, mais, au contraire, de créer un état de guerre, dont on se flatte de faire sortir l'écrasement de l'Eglise. Cela ressort du langage et des actes quotidiens de nos gouvernants et de leurs partisans, de leurs persécutions brutales comme de leurs vexations mesquines, de leurs manœuvres perfides à longue échéance, comme de leurs emportements soudains. Ils ne s'en cachent pas : la séparation n'est pour eux qu'un moyen de plus dans une entreprise générale qui a pour but avoué de déchristianiser la France.

Est-il besoin de dire qu'en soi la séparation ne devrait rien impliquer de semblable ? Elle existe depuis longtemps aux Etats-Unis ; c'est là même qu'on peut en trouver le type classique, l'exemple le plus complet et le plus parfait. Eh bien ! y rencontrerait-on un seul homme d'Etat — fût-il personnellement le plus étranger à toute conviction religieuse — qui admît que séparation signifie hostilité ou seulement méfiance ? Prendre, en raison de cette séparation, une mesure quelconque de vexation contre une Eglise, lui paraîtrait un non-sens. Ce n'est pas M. Roosevelt qui se fût cru obligé à user de je ne sais quel piteux prétexte pour ne pas assister, avec le reste de la population, à la partie religieuse des obsèques des marins victimes d'une effroyable catastrophe. Pas davantage un de ses ministres n'eût imaginé de proclamer que la séparation ne permettait pas aux fonctionnaires de figurer dans une grande commémoration patriotique, du moment où la tradition, la volonté unanime du peuple, le caractère même de cette commémoration impliquaient la participation du clergé.

Où éclate peut-être plus encore la fausseté de la conception que nos gouvernants se font de la séparation, c'est dans leur conduite vis-à-vis de la Papauté. Ils la considèrent comme un pouvoir étranger, ennemi même, dont l'intervention dans les affaires religieuses de France leur paraît une intrusion insupportable, au même titre que serait, par exemple, celle d'un empereur d'Allemagne dans notre politique intérieure. C'est se méprendre absolument sur la situation du Pape. L'un des leurs, M. Briand, a dit cependant, en un jour de clairvoyance et de justice : « Pour vous, catholiques et français le Pape est catholique et français. Il est allemand avec les catholiques allemands. Il est autrichien avec les catholiques autrichiens. Telle est la vérité. Mais, quand je l'envisage dans ses rapports avec la France, je le confonds avec les catholiques français. Je ne l'en sépare pas. » La Papauté est en effet un organe essentiel du catholicisme et elle est, à ce titre, partie intégrante de l'Eglise de France. La liberté religieuse n'existe pour les catholiques que si la légitime action de la Papauté peut s'exercer à leur égard. De la séparation, on ne peut tirer qu'une conséquence : c'est que les conditions qui, dans le régime concordataire, avaient pu être mises à l'intervention du Pape, n'ont plus de raison d'être, et que, si celui-ci n'a plus à attendre le concours du bras séculier, il doit jouir, par compensation, d'une liberté complète.

A voir comment nos gouvernants et leurs partisans s'expriment sur ce sujet, on dirait que l'Eglise catholique, avec son organisation mondiale et sa tête romaine, leur parait être une invention récente et factice, une sorte d'Internationale ecclésiastique, plus ou moins contemporaine de l'Internationale ouvrière, et dont il appartiendrait à l'Etat de régler le fonctionnement ou même d'interdire l'introduction en France. La prétention est vraiment un peu impertinente. Leur répondre en rappelant le droit divin et l'origine surnaturelle de l'Eglise, serait leur parler une langue qu'ils ne comprendraient pas. Mais nul ne saurait récuser le fait historique. Ces hommes, que le jeu changeant des partis a, un moment, portés au pouvoir, oublient-ils donc, dans l'infatuation de leur passagère élévation, que l'Eglise existait bien avant eux, non seulement avant leur règne, avant la république, mais avant la France elle-même ? Ne savent-ils pas que ce n'est pas l'Eglise qui est venue s'introduire dans l'Etat français, mais bien cet Etat qui s'est constitué dans une chrétienté préexistante, et que, soit dit en passant, il a même été, pour sa formation, singulièrement aidé par l'Eglise ? De quelle autorité prétendraient-ils donc aller à l'encontre d'un fait historique, près de vingt fois séculaire, qui s'impose à eux d'une façon tout aussi inéluctable que les faits naturels ?

Sans doute, cette existence d'une société religieuse, distincte et indépendante des diverses sociétés politiques, a de tout temps paru gênante aux despotes, et ceux-ci, qu'ils fussent des princes ou des tribuns populaires, ont souvent rêvé d'y substituer une Eglise nationale, subordonnée à leur

autorité, renfermée dans les frontières de l'Etat et
ne se réclamant plus d'un chef au dehors. Mais
aux vrais libéraux, ce pouvoir spirituel, extérieur
à l'Etat, apparaît au contraire comme une garantie de la liberté de la pensée vis-à-vis du pouvoir politique, comme un obstacle aux entreprises
de la force dans le domaine de la conscience. En
tout cas, que les gouvernements le regrettent ou
s'y résignent, c'est un fait qui les domine et contre
lequel ils s'insurgeraient en vain. La seule conséquence qu'en doivent tirer de vrais hommes d'Etat,
c'est la nécessité de s'assurer des moyens d'agir sur
cette puissance spirituelle, non certes pour la
violenter, mais pour lui faire parvenir des avis, des
demandes et des représentations. En un mot, il est
d'autant plus important, pour un gouvernement,
de garder le contact avec la Papauté, que la séparation est plus complète entre l'Etat et l'Eglise.

On ne saurait donc imaginer une faute politique
plus énorme que celle de nos ministres, s'éver-
tuant à déclarer qu'ils « ignorent » le Pape — si ce
n'est, il est vrai, quand il s'agit de l'outrager — et
se proclamant eux mêmes à l'avance traîtres à la
République, si jamais ils consentaient à causer
avec Rome. Cette faute s'aggrave encore, par ce
fait que nous n'avons pas seulement à traiter avec
le Saint-Siège de nos affaires religieuses intérieures, mais qu'une partie importante de notre
influence extérieure, le protectorat catholique en
Orient et Extrême-Orient, ne peut subsister qu'à
la condition de rapports constants entre nous et le
chef de l'Eglise.

Aussi bien peut-on, sur ce point encore, en

appeler aux mêmes exemples étrangers. Le gouvernement des États-Unis, qui pourtant est loin d'avoir, par son passé, par sa situation mondiale, par la composition de sa population en grande majorité protestante, les mêmes rapports nécessaires que le nôtre avec le Saint-Siège, n'éprouve aucun scrupule à engager avec lui des pourparlers. Ainsi a-t-il fait notamment, quand il a eu à résoudre les questions d'organisation ecclésiastique aux Antilles ou aux Philippines, et il s'en est bien trouvé.

On en revient donc toujours à cette même conclusion que, pour sortir des difficultés présentes, le gouvernement doit enfin comprendre que séparation signifie non guerre, mais liberté, qu'elle n'implique pas l'ignorance de l'Eglise et de son chef, mais oblige à garder contact avec eux. Peut-on espérer qu'il se trouvera, dans le parti régnant, un homme d'Etat capable de s'élever à cette conception si simple, si naturelle ? Jusqu'à présent, on ne le voit pas poindre.

II

Si je n'ai pas grand espoir de me faire entendre de nos gouvernants, c'est avec plus de confiance que je me tourne vers les catholiques. Ce que, de leur côté, on peut constater d'incertitude, tient, non à la mauvaise volonté, mais à l'embarras d'une situation absolument nouvelle à laquelle ils n'étaient pas préparés.

Jusqu'alors les fidèles ne participaient aux dépenses du culte que par des contributions indirectes, telles que celles qui résultaient du tarif des chaises, des enterrements ou des mariages. Habitués à ces charges, ils les supportaient presque sans s'en apercevoir. La situation est aujourd'hui bien différente. Par la séparation et par les spoliations qui l'ont accompagnée, les catholiques se trouvent tout d'un coup obligés de couvrir les dépenses du culte au moyen de contributions directes et volontaires, et la charge est d'autant plus lourde que l'autorité religieuse, par des considérations d'un ordre supérieur devant lesquelles il n'y a qu'à s'incliner, n'a pas cru pouvoir permettre les associations qui lui eussent conservé la jouissance d'une partie importante des biens ecclésiastiques. L'initiative des fidèles ne doit pas seulement suppléer au budget des cultes supprimé, ainsi qu'aux ressources, en certaines villes, plus considérables encore, que les fabriques tiraient de la participation aux recettes des pompes funèbres ; elle doit aussi remplacer les évêchés, les presbytères, les grands et petits séminaires, et les dotations parfois importantes dont ils étaient en possession. De là, pour chaque catholique, l'obligation de créer désormais, dans son budget personnel, à côté de l'ancien chapitre des dépenses de charité — et sans le diminuer — un chapitre nouveau : celui des dépenses du culte. Cette obligation, qui a pu surprendre au premier abord, n'a cependant rien d'anormal ; elle est de règle dans d'autres pays ; il ne s'agit, après tout, pour les Français, que d'imiter ce que font depuis longtemps beaucoup de catholiques étrangers.

A en juger cependant par ce qui nous revient des divers diocèses, cette obligation n'est pas partout également comprise. Si, dans certaines régions, l'appel a été entendu, dans d'autres, les résultats sont encore incertains. Ce n'est pas, à mon avis, l'effet d'un égoïsme intéressé qui se refuse au sacrifice. C'est qu'on ne s'est pas encore bien rendu compte de la situation et du devoir nouveau qui en résulte, d'autant qu'en beaucoup de points, devant l'église restée ouverte, le presbytère où l'on a laissé provisoirement le curé, le culte continuant comme par le passé, les populations n'ont pas réalisé le changement accompli. Aucun signe matériel ne le leur a rendu tangible. Ayons patience et confiance : leur éducation se fera avec le temps. Faut-il l'activer, comme paraissent vouloir le faire quelques évêques, par des mesures de rigueur, en privant du culte les paroisses trop lentes à s'imposer les contributions nécessaires ? C'est une question fort délicate qui ne peut être décidée que par les circonstances.

La séparation n'oblige pas seulement les laïques à des sacrifices pécuniaires, elle les appelle aussi à prendre plus largement leur part de l'apostolat religieux, à fournir un concours qui remplace celui que le clergé rencontrait autrefois dans les pouvoirs publics, à apporter une vigilance plus grande dans la défense de la liberté religieuse. Sous ce rapport encore, ce sont des mœurs nouvelles qu'il leur faut se faire. Entendons-nous bien : cela n'implique pas la création d'un parti politique catholique qui n'est, à mon avis, désirable ni pour l'État ni pour l'Église ; mais cela implique une action religieuse, s'exerçant par tous les moyens que le droit public met à notre disposition.

Pour cette action, il ne faut pas seulement beaucoup d'énergie et de courage ; il faut aussi beaucoup de discipline et d'esprit d'union. Il importe de ne pas diviser nos efforts au gré du premier venu qui imagine un plan de bataille ou rêve de créer quelque association ou ligue nouvelle. Chacun sans doute a le droit et le devoir de proposer ses idées, d'exprimer ses vœux — c'est ce que l'on fait ici — mais que ce soit avec la volonté de se soumettre à la décision de ceux qui ont titre pour nous conduire. Ne prétendons pas nous substituer à eux pour donner des ordres et surtout pour prononcer des excommunications. Gardons-nous d'employer à nous desservir et à nous combattre les uns les autres, des forces dont nous avons besoin pour faire face à l'ennemi.

III

Après avoir parlé des devoirs nouveaux que la séparation impose aux simples fidèles, me sera-t-il permis d'indiquer, avec la réserve qui convient à un laïque, les conséquences qu'elle a pour le clergé ?

Tout d'abord, je me sens pressé d'exprimer mon admiration émue pour l'héroïsme avec lequel nos prêtres, jusque dans les rangs les plus humbles, ont accepté le dépouillement qui était pour eux la suite de la séparation et des décisions de l'autorité religieuse. Pour la plupart, ce n'était pas un superflu auquel ils renonçaient, c'était le nécessaire, c'était le pain de chaque jour, le toit sous lequel ils s'abritaient. Ils se voyaient jetés soudainement dans une vie de privation, peut-être de misère, qu'ils n'avaient pas cru embrasser en entrant dans les ordres. Le sacrifice a été fait par eux, sans un murmure, sans une plainte, avec une simplicité qui n'a peut-être pas permis au public distrait et frivole d'en sentir toute la grandeur.

Le prêtre doit donc s'attendre désormais à une situation absolument précaire, tant, du moins, qu'une législation plus libérale n'aura pas permis la reconstitution d'un patrimoine ecclésiastique. Aux difficultés matérielles qui en résulteront, s'ajoutent la malveillance des autorités, les préventions hostiles de plus en plus répandues dans une partie de la population. Il faudra donc, à ceux qui embrasseront la carrière ecclésiastique, beaucoup plus d'abnégation, de vaillance, qu'on ne leur en demandait jusqu'ici. C'en est fini du curé de campagne, un peu fonctionnaire, qui cherchait, dans le sacerdoce, avec des satisfactions pour sa piété personnelle, une existence respectable et assurée. Ne se fera prêtre, à l'avenir, que celui qui se sentira l'âme d'un apôtre prêt à un martyre de chaque jour, plus difficile à affronter que le martyre sanglant au-devant duquel allait le missionnaire de Chine. Dans ces conditions, les vocations seront peut-être moins nombreuses, au moins dans les premiers temps et avant que la vision plus nette de la mission à remplir ait intéressé et éveillé les courages ; mais elles seront d'une trempe plus rare, et les œuvres accomplies par de tels prêtres seront plus fécondes. Là encore, la séparation se trouvera amener un changement de mentalité, et peut-être aussi un changement d'organisation, une distribution différente du travail ecclésiastique, et un recours plus étendu à la collaboration des laïques.

Plus pauvre, plus dépourvu d'appui officiel, plus attaqué, plus persécuté, peut-être, le prêtre aura du moins cette compensation d'être libéré de toute subordination aux pouvoirs civils : avantage précieux, qui accroîtra l'efficacité de son apostolat, à une condition toutefois, c'est qu'il se défende contre la tentation de se servir de cette indépendance pour se jeter dans la politique. Là pourrait être, si l'on n'y prenait garde, l'un des plus grands dangers du moment, d'autant que le clergé, poussé dans cette voie par ceux qui lui paraîtront ses plus ardents amis, croira simplement user de légitimes représailles contre d'indignes attaques. Aux évêques d'user de leur autorité pour écarter ce danger et pour maintenir fermement leurs prêtres dans les devoirs du ministère religieux, en dehors et au-dessus des luttes de parti.

La séparation ne change pas seulement la situation personnelle du prêtre ; elle doit influer aussi sur ses rapports avec les catholiques laïques. L'un de ses effets a été de faire disparaître les conseils de fabrique, par lesquels ces laïques participaient à l'administration ecclésiastique, et d'y substituer la maîtrise absolue et sans partage du clergé. Que celui-ci ait souci de maintenir son autorité et sa dignité, de se réserver intacte la direction religieuse qui lui appartient, de veiller à ne pas être à la merci de ceux qui le payent, rien de mieux. Mais, d'autre part, peut-il traiter en étrangers ou avec défiance ceux dont il doit solliciter et obtenir

le concours financier ? Ne convient-il pas, au contraire, qu'il cherche à les intéresser à l'administration dont il leur demande de solder les frais ?
La solution est facile et s'est présentée naturellement à beaucoup d'esprits, c'est de faire participer
ces laïques au contrôle des finances ecclésiastiques. Le clergé y gagnera d'alléger une responsabilité à laquelle il est mal préparé et de se pré-
munir contre des accidents dont son inexpérience
l'a rendu trop souvent victime. Nos excellents
prêtres, personnellement si probes et si désinté-
ressés, n'ont pas toujours compris l'importance de
certaines règles de comptabilité, qui leur paraissaient inutilement gênantes et minutieuses. Moins
que jamais, cependant, ils peuvent aujourd'hui
s'y soustraire. A des budgets qui ne dépendront
plus que de contributions volontaires, il faudra
une comptabilité régulière et publique, où chacun
de ceux qui donnent voie très clair, se rende compte
des besoins et des dépenses. Tel est le procédé en
usage dans les pays où le culte ne vit que des dons
des fidèles : force sera d'agir de même en France,
dût-on pour cela faire violence à d'anciennes habitudes. On a pu, du reste, constater avec plaisir
que, d'ores et déjà, plusieurs évêques poussent
leurs prêtres dans cette voie, en leur donnant eux-
mêmes l'exemple pour leurs finances diocésaines.

IV

Les évêques sont peut-être ceux dont la situation est la plus changée par la séparation. Ils
perdent les honneurs officiels, n'ont plus rang dans

les cérémonies publiques et quittent leurs palais ;
les spoliations dont ils ont été victimes, les placent
en face des plus écrasantes responsabilités ; tant
de ruines, subitement accumulées, les obligent à
un formidable travail de reconstruction. Du moins
ont-ils deux grandes compensations : la liberté de
se réunir et la suppression de l'intervention du
pouvoir dans leur nomination et dans leur administration.

Cette liberté de se réunir, ils en ont usé dès le
premier jour, et les catholiques de France ont
assisté avec une émotion respectueuse à ces
solennelles assises où notre épiscopat, se montrant
à la fois français et romain, a manifesté sa sollicitude pastorale et patriotique pour son pays, en
même temps que sa filiale et complète soumission
au chef de l'Eglise. Oserai-je dire qu'on espère
voir ces réunions se multiplier, s'organiser cano-
niquement sous l'autorité supérieure du Pape et
devenir l'un des rouages importants de notre
gouvernement religieux ? Les fidèles attendent de
ces délibérations l'impulsion la plus puissante et
la plus éclairée. Ils comptent sur elles pour
assurer cette unité d'action dont j'ai indiqué la
nécessité. Sous le régime concordataire, nous
n'avions que des évêques ; nous pouvons avoir
maintenant un épiscopat.

En ce qui touche la nomination des évêques, la
présentation faite par le pouvoir civil, qui avait
sa raison d'être avec des princes chrétiens, était
devenue un non-sens et un péril avec un gouvernement ayant pour dessein avoué la guerre au christianisme. Mais, au régime disparu, il faut en

substituer un autre. Il est naturel et conforme à l'habituelle circonspection de Rome, qu'elle n'ait pas voulu l'improviser dans les premières heures de la rupture. Que va-t-elle maintenant décider? Le droit suprême du Pape d'instituer les évêques, est hors de question. Mais son choix peut être aidé, non limité, par des désignations locales, faites avec la connaissance proche et directe des hommes et des choses. On assure qu'en fait, dans la plupart des choix récents, le Pape s'est guidé sur des désignations demandées aux évêques de la province ou d'une région plus étendue. Par ce procédé, a-t-il voulu nous faire pressentir la direction dans laquelle sera cherchée la solution définitive du problème? La France ne méritait pas, en effet, d'être traitée comme ces pays de mission où les évêques sont nommés sans que du pays même vienne aucune indication, et un mode de présentation, analogue à celui qui est en usage dans d'autres pays, notamment en Angleterre ou en Amérique, pouvait lui être appliqué. On sait bien, à Rome, que, pour avoir des renseignements sûrs, il faut les demander sur place, aux représentants autorisés du clergé, mieux qualifiés pour cet office que des informateurs sans responsabilité. D'ailleurs, cette question capitale a évidemment attiré l'attention de nos évêques, et ils ont dû être amenés à faire connaître en haut lieu des vœux dont le Pape aura reçu certainement avec bonté l'expression. Nous sera-t-il permis de souhaiter qu'on ne s'en tienne pas à un état de fait, sans fixité et sans permanence, tel qu'il a pu suffire au premier moment, mais que des règles précises soient établies, comme il a été fait, par exemple, pour les Etats-Unis, dans le concile de Baltimore, en 1864 ? Les raisons qui ont déterminé l'établissement de ces règles dans une Eglise née d'hier, militent plus encore dans une Eglise vieille de dix-huit siècles comme l'Eglise de France. Cela dit, attendons respectueusement la décision qui sera prise, nous bornant à indiquer que plus cette décision fera confiance à nos évêques et à nos prêtres, plus elle consolera la piété des catholiques français et affermira leur fidélité.

V

Est-ce le seul point qui ait pu éveiller la sollicitude de nos évêques ? Si occupés qu'ils soient des affaires françaises, n'ont-ils pas porté aussi leur attention sur la part faite à l'Eglise de France dans le gouvernement général de la chrétienté ? La mort a fait, depuis quelque temps, de nombreux vides parmi les cardinaux français, et, des rares qui nous restent, entourés de la vénération universelle, plusieurs sont malheureusement d'un âge très avancé. Le Pape a cru devoir ajourner le remplacement des cardinaux décédés, et, dans les derniers consistoires, il a nommé des cardinaux italiens ou autres, sans en choisir de français. Personne ne peut penser qu'il ait voulu ainsi punir nos évêques, dont il a loué la fidélité et le courage dans l'épreuve, d'une politique dont ceux-ci sont les victimes et non les complices. Quelles que soient les raisons qui ont déterminé le Pape, elles ne peuvent avoir qu'une portée temporaire, et, à défaut du gouvernement qui n'est plus là pour transmettre, sur ce point, à Rome, les vœux de la France chrétienne, notre épiscopat sera évidemment écouté avec bienveillance, s'il sollicite respectueusement du Saint-Siège la fin d'une apparente exclusion qui ajoute aux tristesses actuelles des catholiques français.

Qu'on ne s'étonne pas, d'ailleurs, de voir les catholiques se préoccuper de cette question de la représentation de chaque nation dans le corps des cardinaux. Plus a grandi l'autorité du Souverain Pontife, plus un mouvement centralisateur a fait aboutir à Rome tous les fils du gouvernement ecclésiastique, plus, par suite, il est naturel que les divers pays s'inquiètent d'avoir leurs représentants parmi ceux qui ont le pouvoir d'élire les Papes et de préparer leurs décisions. Non, sans doute, qu'on puisse prétendre à une sorte de droit, pour les diverses nations catholiques, d'avoir dans le Sacré-Collège une part exactement proportionnelle à leur importance et à leur population : ce serait introduire, dans le gouvernement de l'Eglise, un système représentatif qui n'y a pas sa place. Le Pape est libre de choisir où il veut ses conseillers. Mais son intérêt est de les choisir de façon à obtenir ainsi sur tous les pays, des informations qu'il ne saurait avoir toujours par lui-même. Quoi de plus divers que ce monde chrétien qu'il doit gouverner ! Sans doute la doctrine en soi est partout la même ; elle ne peut varier suivant les races et les régions. Mais il n'en est pas ainsi de la façon de présenter et de justifier cette doctrine, des formes à donner à la dévotion, de l'attitude à prendre en face des sociétés et des idées modernes, et de beaucoup d'autres questions théoriques ou pratiques. En ces matières, il est naturel et licite que des Français, des Allemands, et surtout des Anglais ou des Américains, pensent autrement que des Italiens ou des Espagnols. Leurs traditions, leurs habitudes intellectuelles et sociales sont différentes. Je ne recherche pas, en ce moment, qui voit le plus juste de ceux qui s'attachent fidèlement au passé, ou de ceux qui vont hardiment à l'avenir : je dis seulement qu'il importe que le chef suprême de l'Église ait la connaissance des aspirations et des besoins des uns et des autres, et que, dès lors, il lui est utile d'avoir des représentants de chaque façon de voir dans ses conseils. Ajoutons qu'ainsi les différentes nations chrétiennes auront plus de confiance encore dans l'impartialité avec laquelle sont examinées, à Rome, les questions qui les intéressent, et où elles peuvent se trouver en compétition avec une nation rivale. Sans doute, leur principale garantie est dans le Pape, que sa fonction même et l'universelle sollicitude qui s'impose à lui, dépouillent en quelque sorte de son origine nationale pour l'élever à une hauteur où les frontières ne sont plus visibles. Il ne leur est pas cependant indifférent de savoir de qui seront composés les conseils, consultés par le pontife. Faut-il rappeler l'époque des Papes d'Avignon, et quels ombrages avait alors éveillés, chez les autres peuples, la composition trop française du Sacré-Collège ?

Ce sont évidemment ces considérations qui,

au siècle dernier, ont déterminé les Papes à faire peu à peu place, parmi les cardinaux, aux représentants des nouveaux centres catholiques, par exemple à des prélats des Etats-Unis ou d'Australie. Cette évolution, commencée avec la prudente lenteur que Rome apporte dans toutes ses innovations, n'est pas terminée. De vieux et respectables souvenirs maintiennent encore à certaines nationalités un avantage qui n'est peut-être pas destiné à toujours subsister. Cette observation s'applique surtout aux cardinaux résidents qui sont, en très grande majorité, de race italienne. Ce fait s'explique par l'histoire. Longtemps le Pape a été le souverain d'un Etat italien, et les cardinaux collaboraient au gouvernement politique de cet Etat en même temps qu'au gouvernement spirituel de l'Eglise universelle : ainsi avait-on été amené à les choisir presque tous de naissance italienne. Cette prépondérance d'une seule nationalité paraissait d'ailleurs sans inconvénient à une époque où l'Italie n'existait pas à l'état de grande puissance et ne pouvait, par suite, inquiéter aucune nation rivale. Aujourd'hui l'Etat pontifical n'est plus, et l'Italie unifiée est devenue une puissance de premier ordre. N'est-il pas à prévoir qu'avec le temps, ce changement aura son contre-coup sur la composition du collège des cardinaux ? Cela ne se fera sans doute que graduellement ; l'Eglise répugne aux transformations brusques ; mais, en même temps, elle sait s'adapter avec une merveilleuse souplesse aux états successifs de la société. On peut donc s'en rapporter à elle, pour accomplir peu à peu, sur ce point comme sur beaucoup d'autres, toutes les modifications qui seront jugées utiles et équitables.

Que nul surtout ne se trompe sur la portée des considérations auxquelles il a paru permis de s'arrêter un moment : elles ne témoignent d'aucun désir secret d'éveiller je ne sais quel esprit d'opposition nationale dans le sein de l'Église. Le gallicanisme et ses analogues dans les autres pays sont morts et l'on doit s'en féliciter. C'est précisément pour leur ôter tout prétexte de renaître sous une forme quelconque, qu'il importe de prévenir ce qui pourrait, à tort ou à raison, éveiller des susceptibilités nationales. S'il a paru d'ailleurs qu'on pouvait librement soumettre à l'autorité suprême des vœux que l'on croit être ceux des catholiques de plusieurs autres pays, ce n'est que pour exprimer ensuite, avec plus de force, les sentiments de respect, de confiance et de soumission avec lesquels sont attendues et seront reçues les décisions du Souverain Pontife.

Et maintenant, me retournant vers les catholiques français, je les conjure, une dernière fois, d'envisager virilement la situation nouvelle qui leur est faite par la séparation et les devoirs qui en résultent. Qu'ils ne se bornent pas à gémir, à s'indigner et à attendre béatement le retour à un passé définitivement évanoui ; qu'ils se mettent résolument à l'œuvre, regardant en avant, non en arrière. Ce n'est pas une bourrasque passagère après laquelle on se retrouvera dans le même état qu'auparavant ; c'est l'enfantement douloureux d'une époque nouvelle. Les transitions de ce genre sont toujours pleines d'angoisse pour les générations qui y assistent. Mais ayons confiance, l'Eglise y est accoutumée et en sort toujours victorieuse. Quand, au vᵉ siècle, de sa cellule de Bethléem, saint Jérôme entendait le fracas lointain du monde civilisé d'alors s'écroulant sous les coups répétés des barbares, il se lamentait et se désespérait. Son génie ne suffisait pas à lui faire prévoir qu'après cette effroyable crise, l'Eglise apparaîtrait plus vivante et plus jeune, à la tête d'un monde nouveau. Il est vrai que si le catholicisme, fort des divines promesses, a survécu, l'Empire romain, tout infecté de corruption païenne, au milieu même de ses grandeurs, a péri. Fasse Dieu qu'il n'en soit pas de même aujourd'hui de la France ! Je me refuse à croire qu'elle ait été, elle aussi, condamnée, et il me semble que, sur ce point, nous avons la garantie du Pape lui-même. Au moment où il a le plus à souffrir de notre gouvernement, Pie X, dans ses discours privés ou publics, ne met-il pas une insistance significative et touchante à témoigner qu'il garde, malgré tout, confiance dans l'avenir de la France, et qu'il persiste à associer aux destinées de l'Eglise, celles de sa « fille ainée » ? Cette parole auguste, tombée de la bouche de celui qui aurait pu se croire fondé à nous maudire, nous est une consolation ; elle nous confirme dans l'espoir que l'apostasie publique de notre gouvernement n'a pas effacé, au regard de la justice divine, tant de services rendus, durant de longs siècles, par la France, à la cause de Dieu

TABLE

9 782329 205762